WIEDERHOLUNG ZAHLENRAUM 1 BIS 20

W0338128

1

5 + 4 = □
4 + 3 = □
2 + 6 = □
8 − 4 = □
9 − 8 = □

11 + 9 = □□
17 − 6 = □□
20 − 1 = □□

3

7 + 7 = □□
9 + 4 = □□
9 + 7 = □□
4 + 8 = □□
6 + 9 = □□
8 + 6 = □□

4

20 − 10 = □□
14 − 8 = □□
12 − 9 = □□
13 − 8 = □□
11 − 9 = □□
15 − 7 = □□

5

4 + 4 = □□
7 + 7 = □□

9 + 9 = □□
6 + 6 = □□

8 + □ = 16
5 + □ = 10

□ + 3 = 6
□ + 7 = 14

6

8 = □ + 4
7 = □ + 2
9 = □ I 3
5 = 8 − □
4 = 9 − □
2 = 7 − □

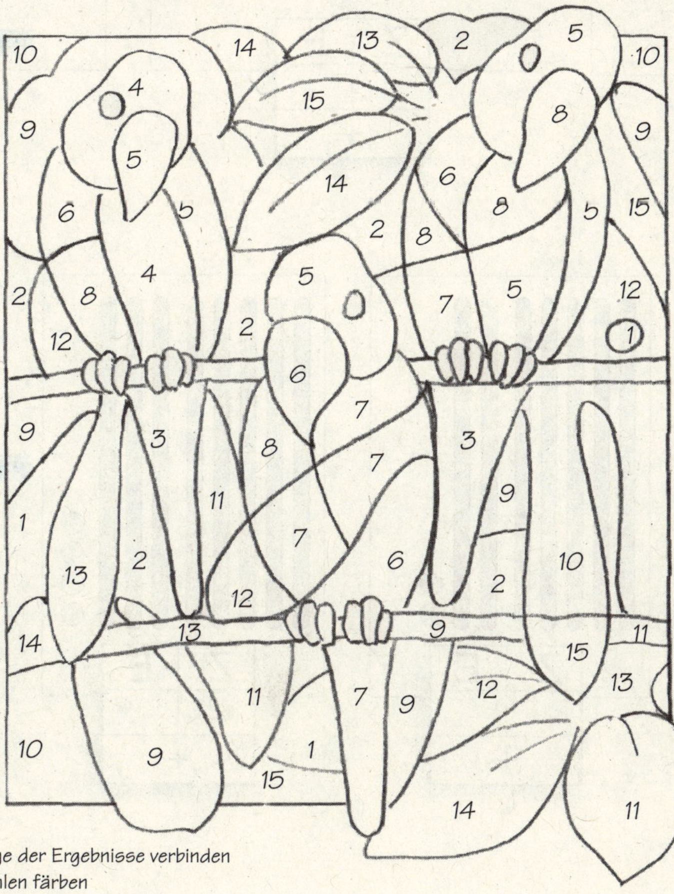

7

11 + □ = 16
12 + □ = 19
13 + □ = 18
17 − □ = 14
18 − □ = 12
19 − □ = 15

8

5 + □ = 11
9 + □ = 16
7 + □ = 12
17 − □ = 9
14 − □ = 8
12 − □ = 4

9

13 = 5 + □
15 = □ + 7
14 = 6 + □
9 = 16 − □
7 = 14 − □
6 = 13 − □

1–4 Zahlen nach der Reihenfolge der Ergebnisse verbinden
6–9 Felder mit den Lösungszahlen färben

ZEHNERBÜNDELUNG BIS 100

1

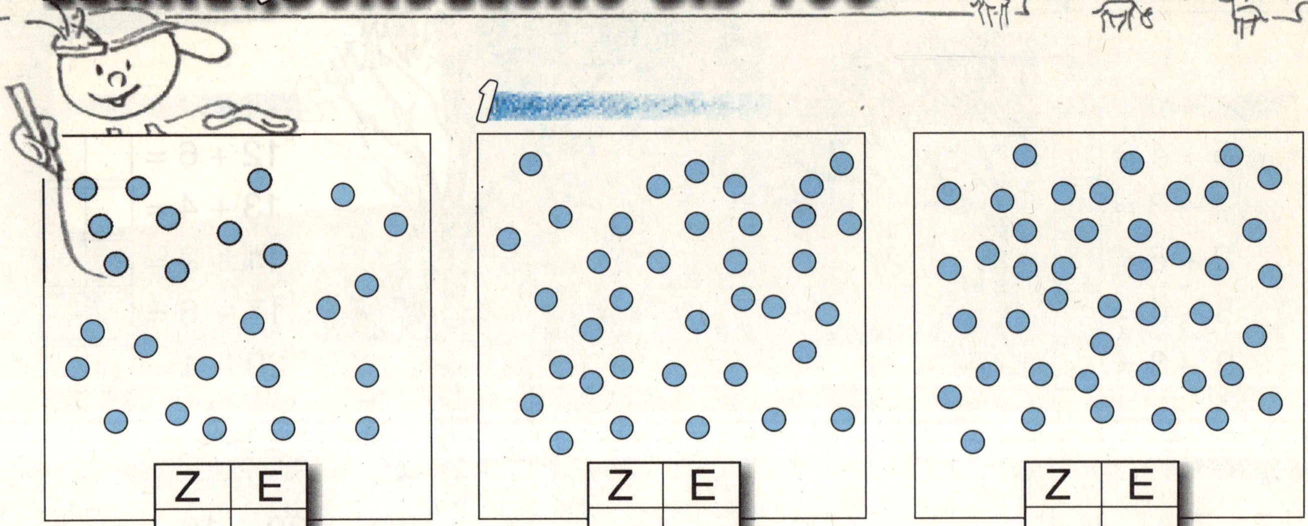

Z	E

Z	E

Z	E

2

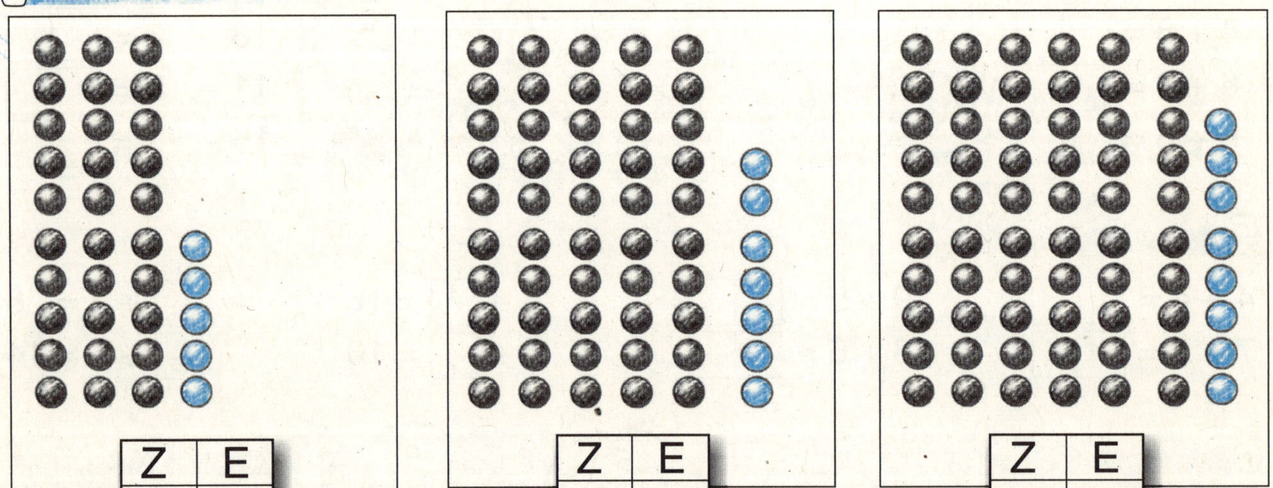

Z	E
30 +	5

Z	E
+	

Z	E
+	

3

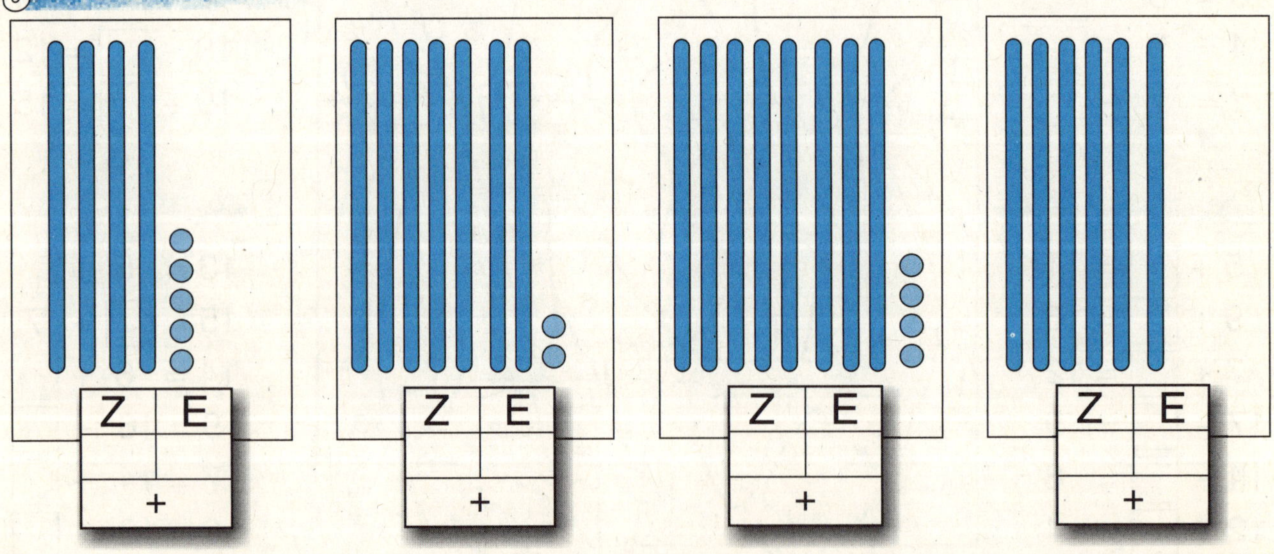

Z	E
+	

Z	E
+	

Z	E
+	

Z	E
+	

DARSTELLEN UND VERGLEICHEN

1

Z	E
2	8
20 +	

Z	E
5	2
+	

Z	E
70 + 5	

Z	E
80 + 0	

2

4 Z 5 E = □□
3 Z 6 E = □□
5 Z 0 E = □□
8 Z 7 E = □□
7 Z 0 E = □□
2 Z 9 E = □□
6 Z 8 E = □□
10 Z 0 E = □□□
8 Z 1 E = □□

51 = □ Z □ E
24 = □ Z □ E
38 = □ Z □ E
93 = □ Z □ E
60 = □ Z □ E
76 = □ Z □ E
47 = □ Z □ E
80 = □ Z □ E
9 = □ Z □ E

4 Z □ E = 43
6 Z □ E = 62
7 Z □ E = 70
5 Z □ E = 57
□ Z 9 E = 89
□ Z 5 E = 25
□ Z 4 E = 94
□□ Z 0 E = 100
□ Z 6 E = 6

3

37 = 3 0 + □
45 = 4 0 + □
62 = 6 0 + □
29 = 2 0 + □
74 = □□ + □
56 = □□ + □
87 = □□ + □
92 = □□ + □
60 = □□ + □

40 + 2 = □□
60 + 3 = □□
20 + 7 = □□
50 + 6 = □□
80 + 4 = □□
30 + 8 = □□
70 + 5 = □□
90 + 9 = □□
10 + 3 = □□

20 + □ = 29
50 + □ = 53
70 + □ = 76
90 + □ = 94
30 + □ = 35
80 + □ = 81
60 + □ = 62
90 + □ = 98
100 + □ = 100

1 Zahlbild zeichnen und Stellenwerttafel ergänzen

HUNDERTERTAFEL

1

1		3	4	5		7	8		10
	12	13		15	16	17	18	19	20
21	22			25	26	27		29	
31			34	35	36	37	38	39	40
41	42	43	44		46		48		50
	52		54	55	56		58	59	60
	62	63	64	65		67	68		70
71	72		74	75	76	77		79	
81		83	84	85		87		89	90
91		93	94		96		98		100

2

Schreibe diese Zahlen rot:

Da✓	Dc	De	Dg	Ai
Ea	Ec	Ee	Eg	Bi
Fa	Fc	Fe	Fg	Ci
Ga	Gc	Ge	Gg	Di
Ka	Hc	Gf	Ch	Ei
Db	Ic			Fi
Gb	Kc			Gi
Kb				Ck

Schreibe alle anderen Zahlen schwarz.

	a	b	c	d	e	f	g	h	i	k
A										
B										
C										
D	31									
E										
F										
G										
H										
I										
K										

3

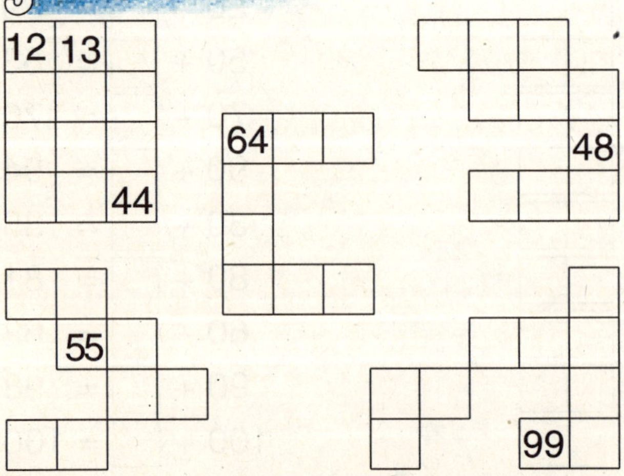

4

2 Die Felder mit den roten Zahlen ergeben ein Lösungswort

4 Zahlen der Größe nach verbinden

ZAHLENSTRAHL BIS 100

1

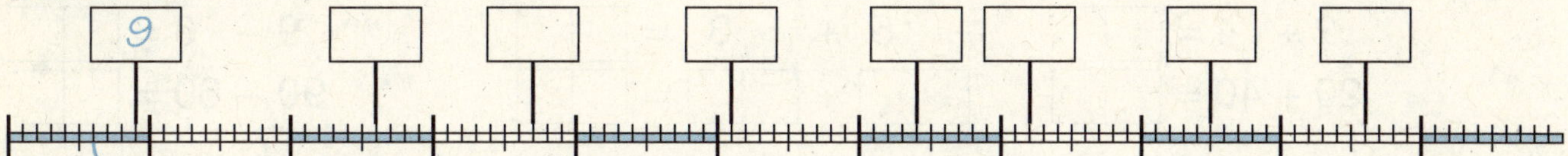

0 100

6 13 21 29 47 52 59 66 76 87 98

2

27 11 33 49 18 45 54 89 78 67 99

0 100

3

Nachbareiner		
	15	
	37	
	99	
	80	
	35	

Nachbareiner		
19		
		49
		71
28		
	52	

4

Nachbarzehner		
	56	
	44	
	68	
	27	
	13	

Nachbarzehner		
	91	
	32	
	78	
	87	
	49	

5 <, > oder =

30 ☐ 50	3Z 4E ☐ 34	84 ☐ 6Z 4E	2E 3Z ☐ 32
45 ☐ 42	9Z 5E ☐ 96	59 ☐ 5Z 0E	5Z 6E ☐ 65
78 ☐ 87	6Z 3E ☐ 36	78 ☐ 8Z 7E	5E 6Z ☐ 65
96 ☐ 69	2Z 2E ☐ 21	24 ☐ 2Z 7E	9E 6Z ☐ 66

6

13 47 68 45 59 91 95 31

13 < ☐☐ < ☐☐ < ☐☐ < ☐☐ < ☐☐ < ☐☐ < ☐☐

7

22, 24, ___, ___, ___, ___, ___, ___, ___, ___, ___, ___, ___, ___, 50

47, 49, ___, ___, ___, ___, ___, ___, ___, ___, ___, ___, ___, ___, 75

85, 83, ___, ___, ___, ___, ___, ___, ___, ___, ___, ___, ___, ___, 57

18, 23, ___, ___, ___, ___, ___, ___, ___, ___, ___, ___, ___, ___, 88

6 Zahlen an die richtige Stelle der „kleiner"-Kette schreiben

DIE GANZEN ZEHNER

1

2 + 4 = [ ]	5 + 3 = [ ]	9 − 6 = [ ]
20 + 40 = [ ]	[ ] + [ ] = [ ]	90 − 60 = [ ]
[ ] + [ ] = [ ]	[ ] + [ ] = [ ]	[ ] − [ ] = [ ]
3 0 + 6 0 = [ ]	1 0 + 8 0 = [ ]	7 0 − 4 0 = [ ]

2

10 + 50	100 − 20	60 + 10	20 − 0
40 + 40	70 − 20	100 − 60	90 − 20
20 + 70	90 − 30	50 + 50	10 + 30
30 + 20	100 − 10	20 + 0	30 + 70

3

4

32 + 1 0 = [ ]	3 6 + 20 = [ ]	91 − 2 0 = [ ]
54 + 1 0 = [ ]	3 6 + 30 = [ ]	73 − 2 0 = [ ]
71 + [ ] = [ ]	[ ] + 40 = [ ]	35 − [ ] = [ ]
18 + [ ] = [ ]	[ ] + 50 = [ ]	69 − [ ] = [ ]

3 Wohin gehören die Schubladen?

RECHNEN MIT EINSTELLIGEN ZAHLEN

1	2	3	4	5	6	7	8	9	10
11	12	13	14	15	16	17	18	19	20
21	22	23	24	25	26	27	28	29	30
31	32	33	34	35	36	37	38	39	40
41	42	43	44	45	46	47	48	49	50
51	52	53	54	55	56	57	58	59	60
61	62	63	64	65	66	67	68	69	70
71	72	73	74	75	76	77	78	79	80
81	82	83	84	85	86	87	88	89	90
91	92	93	94	95	96	97	98	99	100

1

2 + 5 =	51 + 7 =
12 + 5 =	91 + 7 =
22 + 5 =	61 + 7 =
32 + 5 =	21 + 7 =

2

9 − 2 =	58 − 6 =
19 − 2 =	48 − 6 =
29 − 2 =	98 − 6 =
39 − 2 =	68 − 6 =

3

27 + 2 = ☐	☐ = 56 + 3	46 + ☐ = 49	23 + 3 = 21 + ☐
45 + 4 = ☐	☐ = 91 + 8	33 + ☐ = 38	41 + 7 = 45 + ☐
71 + 7 = ☐	☐ = 44 + 4	85 + ☐ = 86	82 + 7 = 84 + ☐
65 + 3 = ☐	☐ = 32 + 6	61 + ☐ = 69	75 + 4 = 71 + ☐

4 (<, > oder =)

46 − 3 ☐ 45	25 ☐ 29 − 3	22 − 1 ☐ 29 − 8	58 − 5 ☐ 52 + 4
88 − 7 ☐ 81	52 ☐ 58 − 7	44 − 3 ☐ 49 − 7	24 + 2 ☐ 29 − 2
35 − 2 ☐ 32	91 ☐ 99 − 8	67 − 5 ☐ 64 − 3	98 − 6 ☐ 91 + 2
79 − 6 ☐ 74	64 ☐ 67 − 2	98 − 4 ☐ 96 − 5	61 + 4 ☐ 69 − 4

5

+	4	2	5	3	6
21					
54					
62					

6

−	5	2	6	4	7
88					
27					
59					

7

23 + 2 + 4	72 + 5 + 2	79 − 2 − 3	78 − 5 − 3
71 + 6 + 1	21 + 2 + 5	77 − 5 − 0	77 − 2 − 3
24 + 2 + 2	20 + 7 + 2	76 − 3 − 3	76 − 4 − 1
70 + 3 + 6	73 + 4 + 1	78 − 6 − 1	79 − 0 − 5

1–2 Aufgaben am Hunderterfeld zeigen

ZUM ZEHNER – VOM ZEHNER

1

Nachbarzehner		
	24	
	49	
	75	
	38	
	92	
	63	

2

30	35	40
35 + 5 =		
35 – 5 =		

50	52	60
52 + 8 =		
52 – 2 =		

20	24	
24 + ☐ =		
24 – ☐ =		

	43	

	71	

	98	

3

40 + 4 = ☐☐ 60 + 7 = ☐☐ 3 0 + 9 = ☐☐ 9 0 + ☐ = ☐☐

40 – 4 = ☐☐ 60 – 7 = ☐☐ ☐☐ – ☐ = ☐☐ ☐☐ – 5 = ☐☐

4

36 + 4 = ☐☐ 57 + ☐ = 6 0 7 0 = 66 + ☐ 80 = ☐☐ + 5

57 + 3 = ☐☐ 35 + ☐ = 4 0 ☐☐ = 55 + ☐ 60 = ☐☐ + 3

62 + 8 = ☐☐ 83 + ☐ = ☐☐ ☐☐ = 41 + ☐ 40 = ☐☐ + 7

84 + 6 = ☐☐ 21 + ☐ = ☐☐ ☐☐ = 69 + ☐ 70 = ☐☐ + 2

5

70 – 2 = ☐☐ 30 – ☐ = 27 ☐☐ – 5 = 25 60 – 5 = ☐☐

70 – 3 = ☐☐ 30 – ☐ = 26 ☐☐ – 7 = 33 80 – 2 = ☐☐

70 – 5 = ☐☐ 30 – ☐ = 25 ☐☐ – 8 = 62 40 – 7 = ☐☐

70 – 6 = ☐☐ 30 – ☐ = 21 ☐☐ – 6 = 84 90 – 9 = ☐☐

6

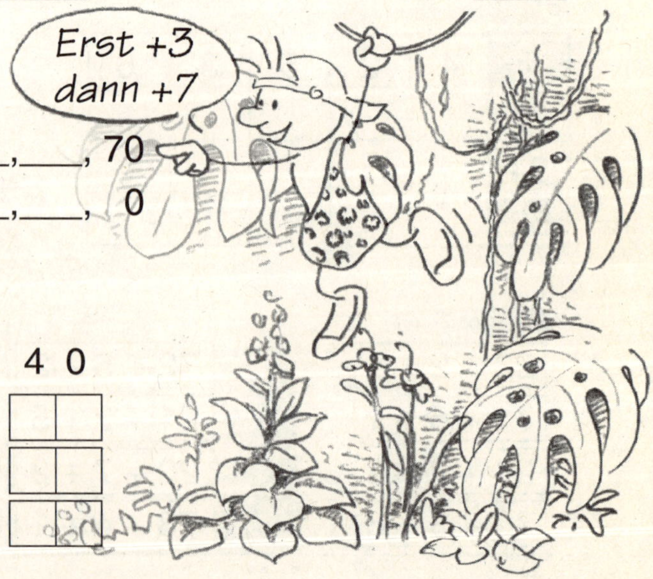

17, 20, 27, 30, ___, ___, ___, ___, ___, ___, ___, 70

56, 50, 46, ___, ___, ___, ___, ___, ___, ___, ___, 0

7

44 + 4 + ☐ = 5 0 49 – 3 – ☐ = 4 0

32 + 3 + ☐ = ☐☐ 98 – 6 – ☐ = ☐☐

81 + 6 + ☐ = ☐☐ 79 – 2 – ☐ = ☐☐

23 + 5 + ☐ = ☐☐ 56 – 6 – ☐ = ☐☐

ADDITION MIT ZEHNERÜBERSCHREITUNG

1

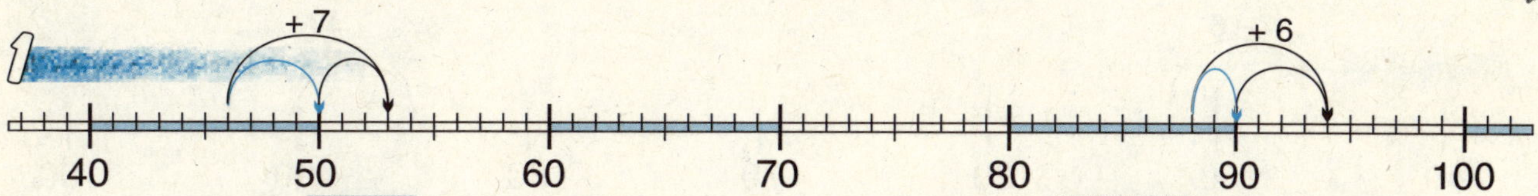

46+7=46+4+□=□□ 88+6=88+□+□=□□

2

56 + 5 = 5 6 + □ + □ = □□
63 + 9 = □□ + □ + □ = □□
77 + 7 = □□ + □ + □ = □□
25 + 8 = □□ + □ + □ = □□

38 + 4 = □□ + □ + □ = □□
86 + 6 = □□ + □ + □ = □□
44 + 8 = □□ + □ + □ = □□
52 + 9 = □□ + □ + □ = □□

3

+ 5	
46	
79	
57	
28	

+ 8	
13	
66	
84	
37	

+ 6	
45	
29	
36	
78	

+ 9	
58	
32	
69	
81	

4

78 —+□→ 80 —+□→ 84
78 —+□→ 84

69 —+□→ ___ —+□→ 77
69 —+□→ 77

34 —+□→ ___ —+□→ 41
34 —+□→ 41

25 —+□→ ___ —+□→ 32
25 —+□→ 32

57 —+□→ ___ —+□→ 63
57 —+□→ 63

86 —+□→ ___ —+□→ 95
86 —+□→ 95

5

46 + 9 = □□
69 + 4 = □□
27 + 8 = □□
88 + 5 = □□
16 + 7 = □□
36 + 6 = □□
58 + 4 = □□

73 + 8 = □□
57 + 6 = □□
35 + 9 = □□
66 + 5 = □□
89 + 3 = □□
24 + 7 = □□
18 + 4 = □□

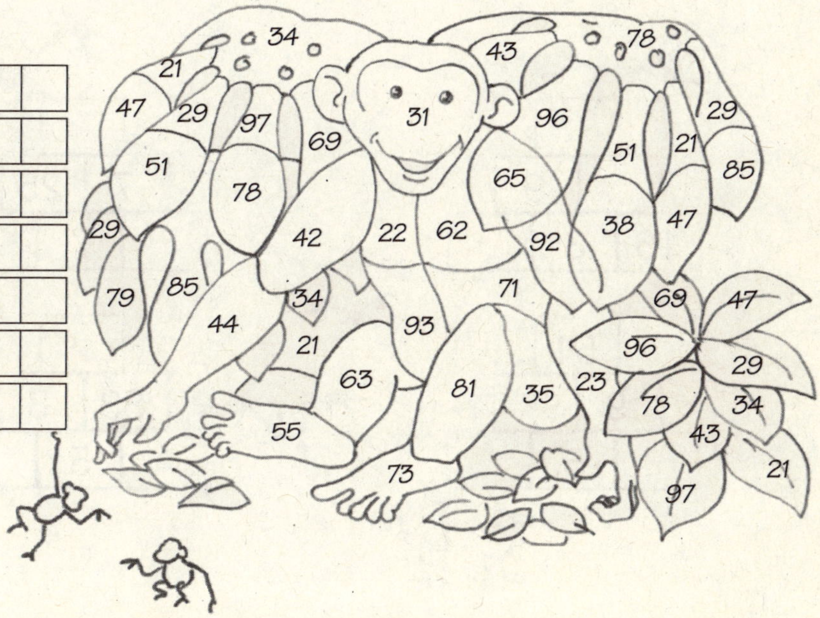

5 Felder mit den Ergebniszahlen ausmalen

SUBTRAKTION MIT ZEHNERÜBERSCHREITUNG

1

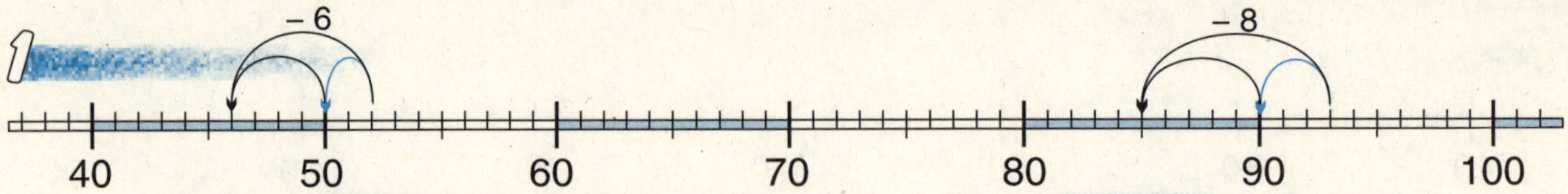

52 – 6 = 52 – 2 – ☐ = ☐☐ 93 – 8 = 93 – ☐ – ☐ = ☐☐

2

51 – 5 = 5 1 – ☐ – ☐ = ☐☐
63 – 9 = ☐☐ – ☐ – ☐ = ☐☐
74 – 7 = ☐☐ – ☐ – ☐ = ☐☐
25 – 8 = ☐☐ – ☐ – ☐ = ☐☐

34 – 6 = ☐☐ – ☐ – ☐ = ☐☐
82 – 4 = ☐☐ – ☐ – ☐ = ☐☐
41 – 3 = ☐☐ – ☐ – ☐ = ☐☐
56 – 9 = ☐☐ – ☐ – ☐ = ☐☐

3

– 7	
31	
55	
93	
36	

– 6	
75	
62	
94	
23	

– 4	
32	
91	
53	
62	

– 9	
98	
44	
57	
81	

4

74 –☐→ 70 –☐→ 65
74 –☐→ 65

52 –☐→ ___ –☐→ 46
52 –☐→ 46

92 –☐→ ___ –☐→ 88
92 –☐→ 88

37 –☐→ ___ +☐→ 29
37 –☐→ 29

5

☐
☐ 9
16 3 ☐

☐
7 25
☐ 7 ☐

77
☐ 8
64 ☐ ☐

51
9 ☐
☐ 5 ☐

☐
83 8
☐ 5 ☐

72
☐ ☐
3 5 ☐

1

☐ = 24 + 7	☐ = 83 − 6	86 = 77 + ☐	67 = 76 − ☐
☐ = 49 + 8	☐ = 75 − 9	52 = 48 + ☐	89 = 94 − ☐
☐ = 57 + 9	☐ = 31 − 4	67 = 59 + ☐	26 = 31 − ☐
☐ = 89 + 4	☐ = 94 − 7	23 = 16 + ☐	48 = 56 − ☐

2

+	8	5	9	6	3
58					
35					
77					
49					

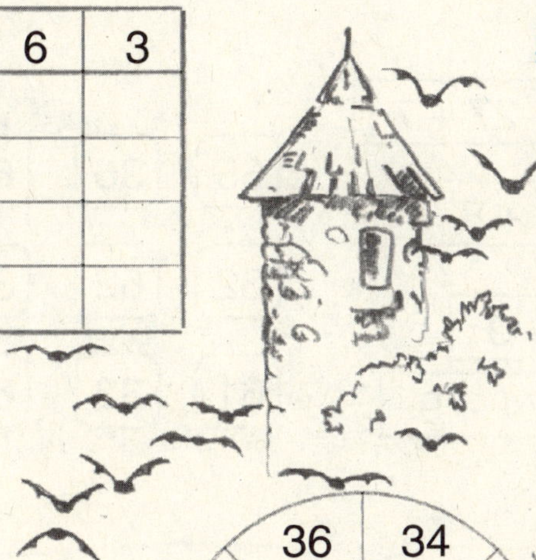

3

−	7	4	9	5	8
91					
33					
64					
72					

4

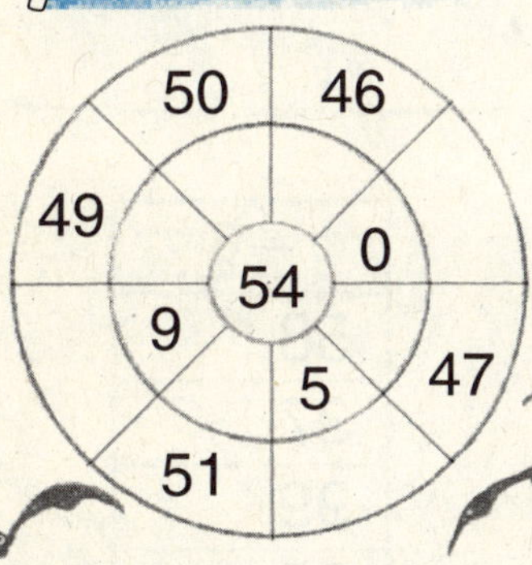

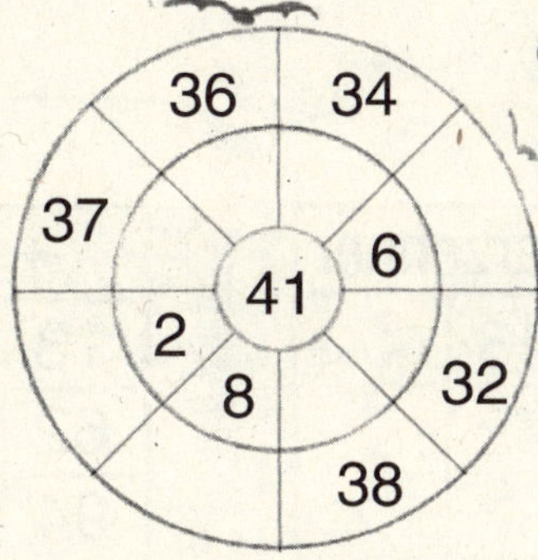

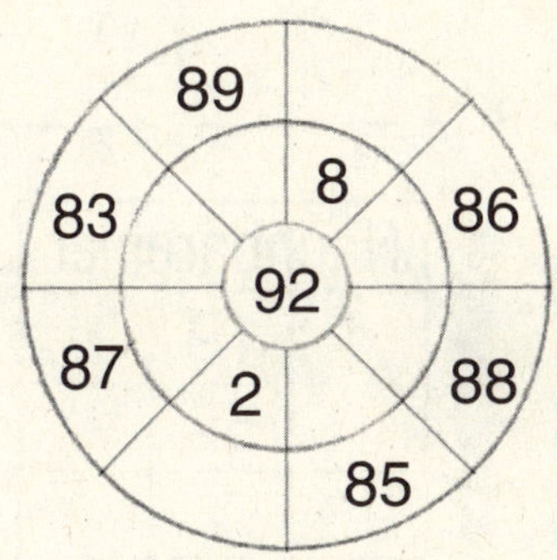

5

22, 28, ___, ___, ___, ___, ___, 64, ___, ___, ___, ___, ___, 100

11, 15, ___, ___, ___, ___, ___, 39, ___, ___, ___, ___, ___, 63

98, 91, ___, ___, ___, ___, ___, 49, ___, ___, ___, ___, ___, 7

85, 79, ___, ___, ___, ___, ___, 43, ___, ___, ___, ___, ___, 7

6

+	4	9	3	5	7	8
38	42					
46				51		
79			82		86	
25		38				

7

−	8		6	3		9
	55					
91		86			84	
				29		
			48			

GEMISCHTE AUFGABEN

1

28 + □ = 31	□□ + 3 = 52	56 − □ = 49	□□ − 6 = 67
47 + □ = 52	71 = □□ + 9	92 − □ = 86	18 = □□ − 9
86 + □ = 95	□□ + 5 = 23	24 − □ = 17	□□ − 4 = 37
59 + □ = 61	94 = □□ + 8	71 − □ = 68	66 = □□ − 8
75 + □ = 82	□□ + 7 = 31	63 − □ = 57	□□ − 5 = 82

2

27 + 7

54 + 8

41 − 9

74 − 9

65	36	63
32	62	34
61	33	64

71 − 7

27 + 6

68 − 7

42 − 6

3

Nachbareiner		
	19	
	54	
98		
		71

Nachbarzehner		
	46	
	79	
	57	
	28	

4

+ 5 →	
13	
62	
94	
31	

− 6 →	
58	
37	
99	
68	

5

4 0 = 36 + □	50 = □□ + 5
6 0 = 52 + □	80 = □□ + 3
□□ = 81 + □	60 = □□ + 7
□□ = 19 + □	40 = □□ + 2

6

80 − □ = 77	□□ − 3 = 27
30 − □ = 26	□□ − 7 = 33
60 − □ = 51	□□ − 5 = 65
40 − □ = 33	□□ − 8 = 82

7

46 + 9 = □□	73 − 8 = □□
69 + 4 = □□	54 − 6 = □□
27 + 8 = □□	35 − 9 = □□
88 + 5 = □□	62 − 5 = □□

8

73 = 67 + □	84 − □ = 76
81 = 72 + □	37 − □ = 28
42 = 38 + □	92 − □ = 85
96 = 89 + □	61 − □ = 53

2 Aufgaben ausrechnen und Ergebniszahlen durchstreichen; übrig bleibt der „schwarze Peter"

ADDITION ZWEISTELLIGER ZAHLEN

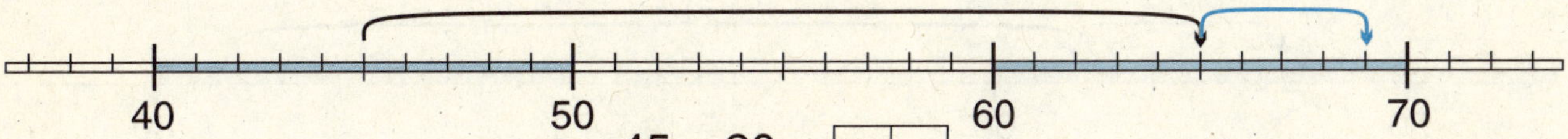

45 + 20 = ☐☐.

45 + 24 = 45 + 20 + 4 = ☐☐

1

56 + 10 = ☐☐

56 + 13 = 56 + 10 + 3 = ☐☐

42 + 50 = ☐☐

42 + 57 = 42 + 50 + 7 = ☐☐

24 + 30 = ☐☐

24 + 35 = 24 + 30 + 5 = ☐☐

72 + 20 = ☐☐

72 + 23 = 72 + 20 + 3 = ☐☐

2

24 + 15 = 24 + 10 + 5 = ☐☐

43 + 36 = 43 + ________ = ☐☐

31 + 53 = 31 + ________ = ☐☐

76 + 12 = 76 + ________ = ☐☐

13 + 75 = 13 + ________ = ☐☐

31 + 48 = 31 + ________ = ☐☐

64 + 34 = 64 + ________ = ☐☐

22 + 77 = 22 + ________ = ☐☐

3

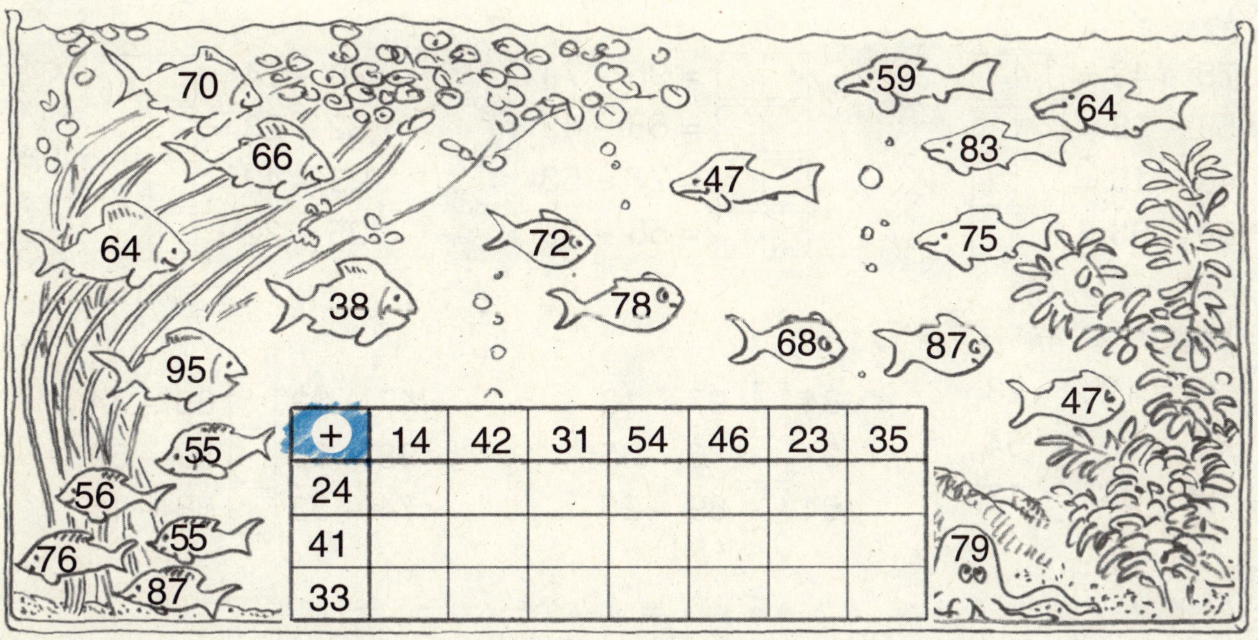

+	14	42	31	54	46	23	35
24							
41							
33							

4 (<, > oder =)

24 + 14 ☐ 35

33 + 26 ☐ 58

15 + 52 ☐ 67

61 + 38 ☐ 97

56 ☐ 23 + 33

88 ☐ 44 + 45

47 ☐ 12 + 25

79 ☐ 36 + 53

22 + 37 ☐ 47 + 12

54 + 45 ☐ 33 + 65

31 + 58 ☐ 16 + 71

15 + 43 ☐ 24 + 35

3 Die Fische enthalten die Lösungszahlen

SUBTRAKTION ZWEISTELLIGER ZAHLEN

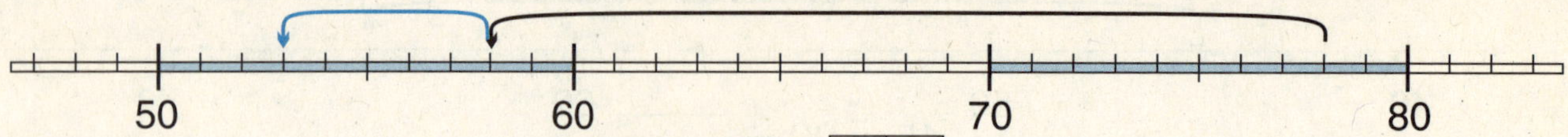

78 – 20 = ☐☐

78 – 25 = 78 – 20 – 5 = ☐☐

1

56 – 10 = ☐☐
56 – 13 = 56 – 10 – 3 = ☐☐

65 – 20 = ☐☐
65 – 24 = 65 – 20 – 4 = ☐☐

87 – 40 = ☐☐
87 – 45 = 87 – 40 – 5 = ☐☐

49 – 30 = ☐☐
49 – 36 = 49 – 30 – 6 = ☐☐

2

78 – 45 = 78 – 40 – 5 = ☐☐
37 – 22 = 37 – ______ = ☐☐
54 – 13 = 54 – ______ = ☐☐
69 – 27 = 69 – ______ = ☐☐

96 – 14 = 96 – ______ = ☐☐
44 – 22 = 44 – ______ = ☐☐
83 – 61 = 83 – ______ = ☐☐
28 – 17 = 28 – ______ = ☐☐

3

75 – 43 = ☐☐
59 – 28 = ☐☐
48 – 15 = ☐☐
99 – 63 = ☐☐

31, 32, 33, 35, 36

☐☐ = 96 – 74
☐☐ = 68 – 42
☐☐ = 77 – 53
☐☐ = 58 – 35

26, 25, 24, 23, 22

78 – 24 = ☐☐
32 + 23 = ☐☐
95 – 42 = ☐☐
25 + 32 = ☐☐

53, 57, 55, 54, 56

4 (<, > oder =)

36 – 12 ☐ 23
67 – 23 ☐ 54
48 – 36 ☐ 13

84 ☐ 97 – 13
31 ☐ 76 – 35
64 ☐ 89 – 26

47 – 23 ☐ 69 – 44
98 – 61 ☐ 89 – 52
74 – 33 ☐ 58 – 16

5

69 →(–12)→ ☐☐ →(– 8)→ ☐☐ →(–14)→ ☐☐

88 →(–17)→ ☐☐ →(– 5)→ ☐☐ →(–13)→ ☐☐

☐☐ →(+14)→ ☐☐ →(+ 4)→ ☐☐ →(+16)→ 67

☐☐ →(–13)→ 55 →(+ 2)→ ☐☐ →(–46)→ ☐☐

☐☐ →(–33)→ ☐☐ →(–31)→ 35 →(+65)→ ☐☐☐

3 Immer eine Zahl bleibt übrig

ERGÄNZEN

1

17 + ______ = 50 | 53 + ________ = 70 | 78 + ________ = 100

17 + 3 + 30 = 50 | 53 + __ + _____ = 70 | 78 + __ + _____ = 100

2

26 + ☐ = 30 | 47 + ☐ = 50 | 31 + ☐ = 40

26 + ☐ + ☐☐ = 40 | 47 + ☐ + ☐☐ = 60 | 31 + ☐ + ☐☐ = 70

26 + ☐ + ☐☐ = 50 | 47 + ☐ + ☐☐ = 70 | 31 + ☐ + ☐☐ = 90

26 + ☐ + ☐☐ = 60 | 47 + ☐ + ☐☐ = 90 | 31 + ☐ + ☐☐ = 60

3

100 = 48 + 2 + 5 0 = 48 + 52 . | 100 = 57 + __ + _____ = _____ + _____

100 = 31 + 9 + _____ = 31 + _____ | 100 = 44 + __ + _____ = _____ + _____

100 = 75 + __ + _____ = 75 + _____ | 100 = 69 + __ + _____ = _____ + _____

100 = 22 + __ + _____ = 22 + _____ | 100 = 16 + __ + _____ = _____ + _____

4

18 + ☐☐ = 100 | 64 + ☐☐ = 80 | 56 + ☐☐ = 68

76 + ☐☐ = 100 | 73 + ☐☐ = 90 | 37 + ☐☐ = 59

53 + ☐☐ = 100 | 27 + ☐☐ = 60 | 22 + ☐☐ = 55

88 + ☐☐ = 100 | 35 + ☐☐ = 70 | 61 + ☐☐ = 79

5

58	87	46	90	11	54	33	45	80	66	85	26
31											
27	92	70	53	22	63	90	66	39	88	79	100

6

100
78 +
16 +
82 +
51 +

60
32 +
17 +
45 +
24 +

50
23 + 6 +
12 + 4 +
31 + 7 +
19 + 4 +

100
24 + 31 +
42 + 45 +
16 + 33 +
53 + 46 +

1 Aufgaben am Zahlenstrahl zeigen 5 Unterschied berechnen

GEMISCHTE AUFGABEN

1

+	23	41	55	34	12	43
15						
42						
33						
24						

2

−	14	56	45	23	31	54
58						
77						
96						
89						

3

23 + 16 = [ ]	[ ] = 66 − 34	33 + [ ] = 78	81 = 99 − [ ]
39 − 18 = [ ]	[ ] = 42 + 36	64 − [ ] = 31	68 = 32 + [ ]
51 + 38 = [ ]	[ ] = 37 − 25	46 + [ ] = 88	45 = 77 − [ ]
76 − 55 = [ ]	[ ] = 53 + 46	79 − [ ] = 26	98 = 26 + [ ]

4

Zwei Schmetterlinge sind gleich.

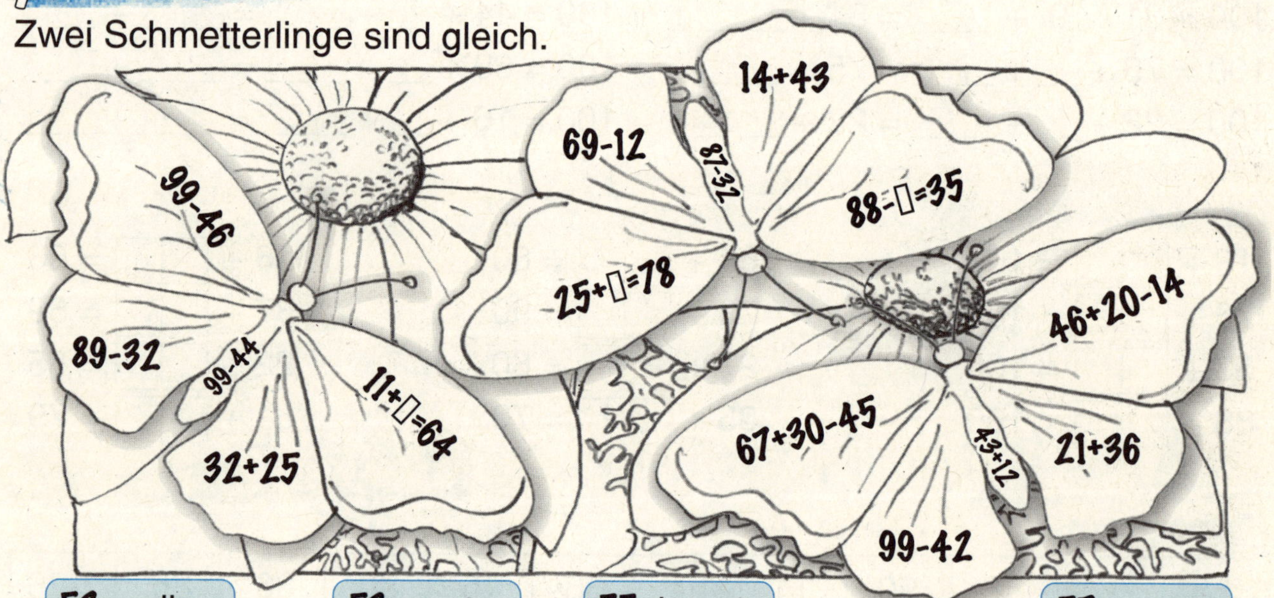

52 gelb | 53 rot | 55 braun | 57 orange

5

24 + 43 = 32 + [ ]	78 − 43 = 66 − [ ]	53 + 15 = 79 − [ ]
______ = ______	______ = ______	______ = ______
35 + 62 = 71 + [ ]	54 − 23 = 89 − [ ]	96 − 43 = 21 + [ ]
______ = ______	______ = ______	______ = ______
51 + 48 = 26 + [ ]	77 − 41 = 98 − [ ]	13 + 34 = 68 − [ ]
______ = ______	______ = ______	______ = ______

5 Als Hilfsrechnung das Ergebnis der ersten Aufgabe darunterschreiben

ADDITION MIT ZEHNERÜBERGANG

1

24 + 48 = ☐☐	5 7 + 3 7 = ☐☐	1 8 + 6 4 = ☐☐
24 + 40 = 6 4	☐☐ + ☐☐ = ☐☐	☐☐ + ☐☐ = ☐☐
64 + 8 = 7 2	☐☐ + ☐ = ☐☐	☐☐ + ☐ = ☐☐

67 + 2 5 = ☐☐	4 3 + 4 9 = ☐☐	3 5 + 2 6 = ☐☐
67 + ☐☐ = ☐☐	☐☐ + ☐☐ = ☐☐	☐☐ + ☐☐ = ☐☐
87 + ☐ = ☐☐	☐☐ + ☐ = ☐☐	☐☐ + ☐ = ☐☐

2

25 + 17 = ☐☐	☐☐ = 46 + 27
37 + 44 = ☐☐	☐☐ = 64 + 19
58 + 23 = ☐☐	☐☐ = 38 + 53
79 + 14 = ☐☐	☐☐ = 26 + 69

3

24 + ☐☐ = 42	95 = 79 + ☐☐
39 + ☐☐ = 75	62 = 28 + ☐☐
16 + ☐☐ = 51	35 = 17 + ☐☐
76 + ☐☐ = 92	81 = 53 + ☐☐

(*) **4**

5

☐☐ —(− 23)→ 69, 69 —(+ 23)→ ☐☐

☐☐ —(−67)→ 19, 19 —(+ ☐☐)→ ☐☐

☐☐ —(− 35)→ 28, 28 —(+ ☐☐)→ ☐☐

☐☐ —(−26)→ 52, 52 —(+ ☐☐)→ ☐☐

☐☐ —(− 49)→ 43, 43 —(☐☐)→ ☐☐

18 —(☐☐)→ ☐☐, ☐☐ —(− 63)→ 18

☐☐ —(− 16)→ 48, 48 —(☐☐)→ ☐☐

14 —(☐☐)→ ☐☐, ☐☐ —(− 27)→ 14

38 —(☐☐)→ ☐☐, ☐☐ —(− 24)→ 38

☐☐ —(− 58)→ 37, 37 —(☐☐)→ ☐☐

27 —(☐☐)→ ☐☐, ☐☐ —(− 36)→ 27

☐☐ —(− 67)→ 34, 34 —(☐☐)→ ☐☐

SUBTRAKTION MIT ZEHNERÜBERGANG

1

73 – 48 = ☐☐
73 – 40 = 3 3
33 – 8 = 2 5

91 – 54 = ☐☐
☐☐ – ☐☐ = ☐☐
☐☐ – ☐ = ☐☐

51 – 25 = ☐☐
☐☐ – ☐☐ = ☐☐
☐☐ – ☐ = ☐☐

62 – 33 = ☐☐
62 – ☐☐ = ☐☐
32 – ☐ = ☐☐

87 – 49 = ☐☐
☐☐ – ☐☐ = ☐☐
☐☐ – ☐ = ☐☐

35 – 18 = ☐☐
☐☐ – ☐☐ = ☐☐
☐☐ – ☐ = ☐☐

2

45 – 17 = ☐☐
63 – 24 = ☐☐
56 – 39 = ☐☐
71 – 53 = ☐☐

☐☐ = 54 – 38
☐☐ = 82 – 16
☐☐ = 63 – 37
☐☐ = 95 – 29

3

83 – ☐☐ = 69
75 – ☐☐ = 48
52 – ☐☐ = 23
41 – ☐☐ = 24

57 = 92 – ☐☐
36 = 74 – ☐☐
64 = 92 – ☐☐
28 = 57 – ☐☐

4

61 – 23 = ☐☐
44 – 28 = ☐☐
☐☐ – 35 = 37
92 – ☐☐ = 55
☐☐ – 68 = 17
☐☐ – 19 = 54
63 – 44 = ☐☐
84 – ☐☐ = 19
96 – 28 = ☐☐
☐☐ – 26 = 49
77 – 59 = ☐☐
☐☐ – 63 = 18

5

44 – 17 = 40 – ☐☐
______ = ______

72 – 45 = 66 – ☐☐
______ = ______

53 – 15 = 71 – ☐☐
______ = ______

91 – 62 = 70 – ☐☐
______ = ______

54 – 26 = 89 – ☐☐
______ = ______

94 – 46 = 62 – ☐☐
______ = ______

63 – 48 = 50 – ☐☐
______ = ______

83 – 49 = 98 – ☐☐
______ = ______

71 – 34 = 54 – ☐☐
______ = ______

4 Aufgaben der Reihe nach rechnen und die richtigen Abzweigungen wählen
5 Als Hilfsrechnung das Ergebnis der ersten Aufgabe darunterschreiben

1

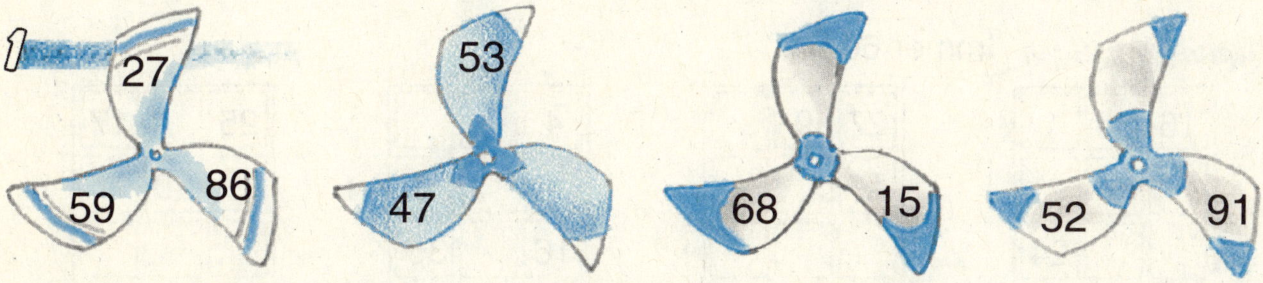

2

A	E	H	L	M	S
37	45	19	62	29	54

25 + 37 = ☐☐ ☐	64 = 19 + ☐☐ ☐	☐ ☐☐ + 36 = 55
65 − 28 = ☐☐ ☐	18 = 72 − ☐☐ ☐	☐ ☐☐ − 18 = 19
55 − 26 = ☐☐ ☐	36 = 81 − ☐☐ ☐	☐ ☐☐ + 27 = 81
18 + 19 = ☐☐ ☐	91 = 29 + ☐☐ ☐	☐ ☐☐ − 16 = 29

3

4

26	+25 →	☐	−29 →	☐	+47 →	☐	−31 →	☐
↓ +17		↓ −29		↓ +59		↓ −14		↓ +50
☐	−21 →	☐	+ ☐ →	81	−26 →	☐	+ ☐ →	☐
↓ +23		↓ +69		↓ −36		↓ +17		↓ +11
☐	+25 →	☐	−46 →	☐	+27 →	☐	+ ☐ →	99

1 Aufgabenfamilien - Tauschaufgaben, Umkehraufgaben

3 Immer mit dem Ergebnis weiterrechnen, entsprechend verbinden

RECHNEN MIT DREI UND MEHR ZAHLEN

1 Immer 60

16	36	
		24

27	9	
17		

4		
		0
16		36

25		17
	20	

2

14 + 28 + 6 = ☐☐
35 + 37 + 15 = ☐☐
24 + 18 + 33 = ☐☐
42 + 29 + 14 = ☐☐

67 − 19 − 17 = ☐☐
84 − 37 − 24 = ☐☐
58 − 23 − 19 = ☐☐
76 − 28 − 33 = ☐☐

33 + 48 − 23 = ☐☐
91 − 42 + 36 = ☐☐
24 + 58 − 12 = ☐☐
86 − 67 + 21 = ☐☐

3

4

Immer 68

4	8		
		2	18
		26	10
24		18	

Immer 74

8		21	33
20	31		17
	12		
		22	

5

Immer 100

5	12	30	
			22
		28	17
34	27		

Immer 57

			11
	21	24	5
	10	2	
	4		27

Immer 93

22		9	23
	22		
			17
36	18	27	

Immer 100

	29		26
28		26	
23	24		28
		29	25

GEMISCHTE ÜBUNGEN

1

waagerecht

A) 15 + 23
C) 74 − 25 + 49
E) 84 − 9
G) 29 + 30 + 33
I) 64 + 8 − 65
K) 93 − 72
M) 23 + 16 − 31
N) 96 − 18 − 11
P) 91 − 83 − 8
R) 44 + 38 + 28
T) 38 − 19 − 15
U) 39 + 28 − 59
V) 87 − 53 − 34
W) 23 + 39 − 12

A	B		C	D	
	E	F		G	H
I		K	L		M
N	O		P		
	R	S			T
U		V		W	

senkrecht

B) 53 + 26 + 8
C) 13 + 49 − 53
D) 37 + 37 + 15
F) 18 + 34
H) 87 − 59
I) 65 + 34 − 23
L) 32 + 29 + 39
O) 54 + 17
S) 67 − 29 − 28
T) 66 + 28 − 54
U) 36 − 28
W) 46 + 35 − 76

2

24 + 15 = ☐☐
32 + 26 = ☐☐
14 + 52 = ☐☐
61 + 28 = ☐☐

56 = 23 + ☐☐
88 = 44 + ☐☐
47 = 12 + ☐☐
79 = 36 + ☐☐

3

59 − 18 = ☐☐
62 − 31 = ☐☐
27 − 13 = ☐☐
94 − 72 = ☐☐

78 = 99 − ☐☐
14 = 67 − ☐☐
34 = 75 − ☐☐
23 = 88 − ☐☐

4

38 + 24 = ☐☐
56 + 37 = ☐☐
23 + 69 = ☐☐
74 + 18 = ☐☐

94 = 78 + ☐☐
61 = 12 + ☐☐
83 = 48 + ☐☐
55 = 27 + ☐☐

5

67 − 39 = ☐☐
52 − 26 = ☐☐
93 − 68 = ☐☐
86 − 57 = ☐☐

17 = 51 − ☐☐
44 = 92 − ☐☐
32 = 71 − ☐☐
58 = 86 − ☐☐

6

13 + 34 + 48 = ☐☐
17 + 29 + 32 = ☐☐
47 + 17 + 27 = ☐☐
58 + 19 + 22 = ☐☐

7

78 − 23 − 36 = ☐☐
56 − 17 − 29 = ☐☐
85 − 33 − 37 = ☐☐
99 − 45 − 28 = ☐☐

8

24 + 33 = 68 − ☐☐
73 − 19 = 26 + ☐☐
47 + 36 = 99 − ☐☐
61 − 34 = 18 + ☐☐

MULTIPLIZIEREN

1

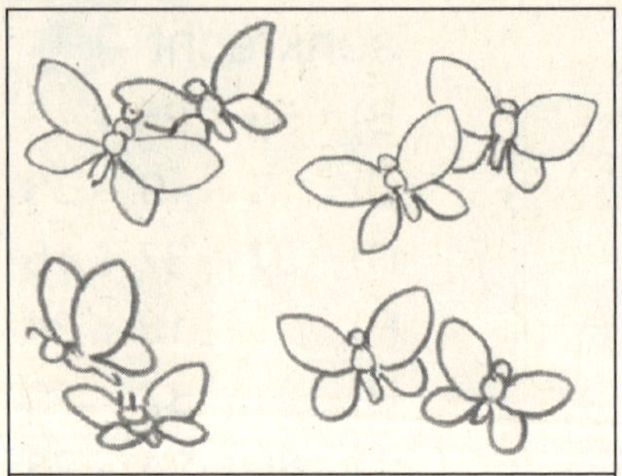

2 + ☐ + ☐ + ☐ = ☐
☐ · 2 = ☐

3 + ☐ + ☐ = ☐
☐ · 3 = ☐

5 + ☐ = ☐☐
☐ · 5 = ☐☐

2

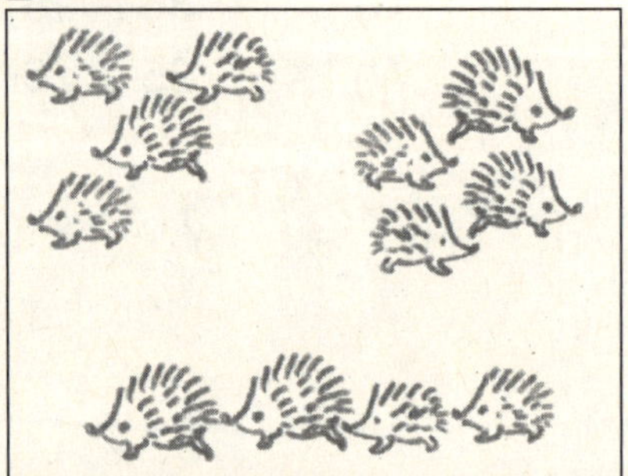

\+ + =
☐ · ☐ = ☐☐

\+ + + + =
☐ · ☐ = ☐☐

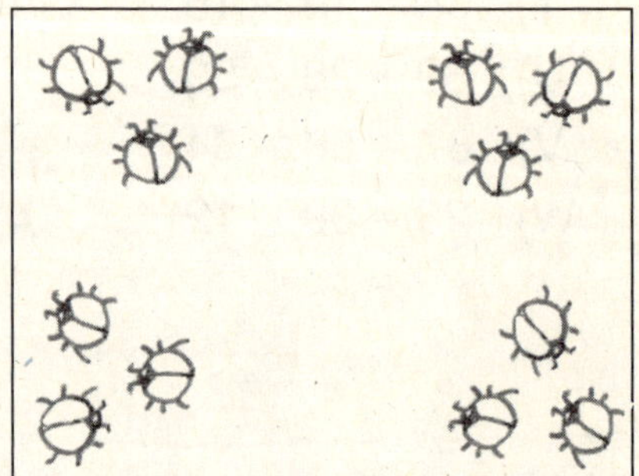

\+ + + =
☐ · ☐ = ☐☐

3

☐ + ☐ + ☐ = ☐☐
☐ · ☐ = ☐☐

☐ + ☐ + ☐ = ☐☐
☐ · ☐ = ☐☐

☐ + ☐ + ☐ + ☐ = ☐☐
☐ · ☐ = ☐☐

4

5 + 5 + 5 = ☐☐

4 · 6 = ☐☐

6 + 6 + 6 + 6 = ☐☐

4 + 4 + 4 + 4 = ☐☐

3 · 5 = ☐☐

6 + 6 + 6 = ☐☐

5 · 3 = ☐☐

4 · 4 = ☐☐

3 + 3 + 3 + 3 + 3 = ☐☐

3 · 6 = ☐☐

4 Zahlbilder mit den richtigen Aufgaben verbinden

1

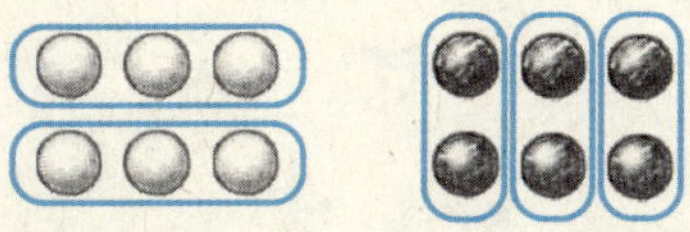

2 · __ = __   3 · __ = __

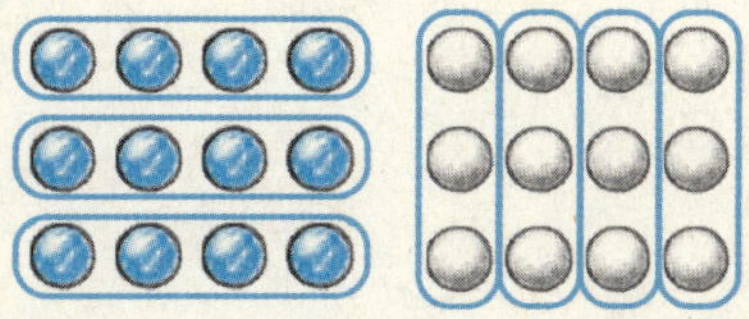

3 · __ = ___   4 · __ = ___

3 · __ = ___   5 · __ = ___

2

5 · ☐ = ☐☐
4 · ☐ = ☐☐

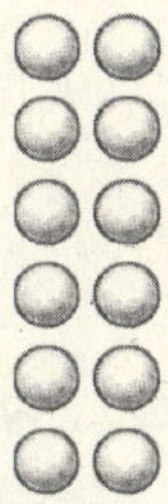

☐ · ☐ = ☐☐
☐ · ☐ = ☐☐

☐ · ☐ = ☐☐
☐ · ☐ = ☐☐

☐ · ☐ = ☐☐
☐ · ☐ = ☐☐

3

Zeichne.

5 · 7 = ☐☐
7 · ☐ = ☐☐

6 · 6 = ☐☐
☐ · ☐ = ☐☐

7 · 6 = ☐☐
☐ · ☐ = ☐☐

6 · 5 = ☐☐
☐ · ☐ = ☐☐

4

2 · 5	4 · 7
7 · 4	5 · 2
4 · 6	9 · 6
6 · 9	6 · 4
5 · 6	6 · 5

8 · 3	9 · 4
4 · 9	5 · 7
7 · 5	3 · 8
6 · 6	6 · 6
9 · 2	2 · 9

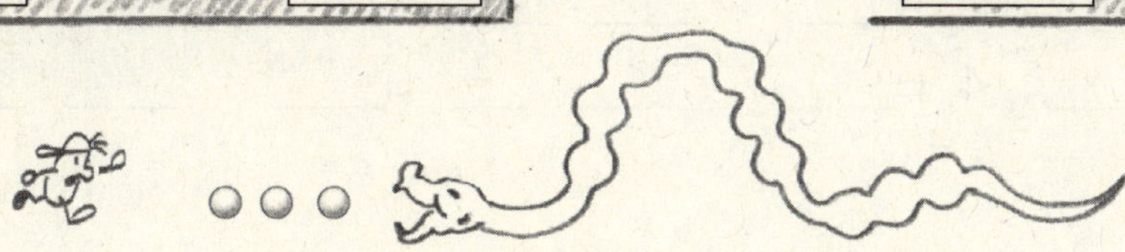

DIVIDIEREN

1

10 : 2 = □

□ · 2 = 10

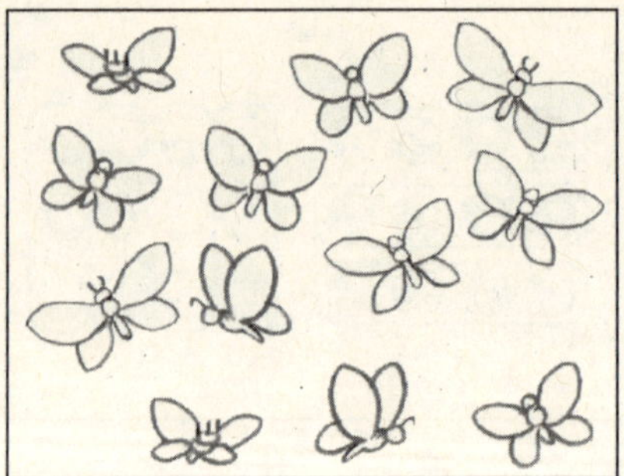

12 : 3 = □

□ · 3 = □□

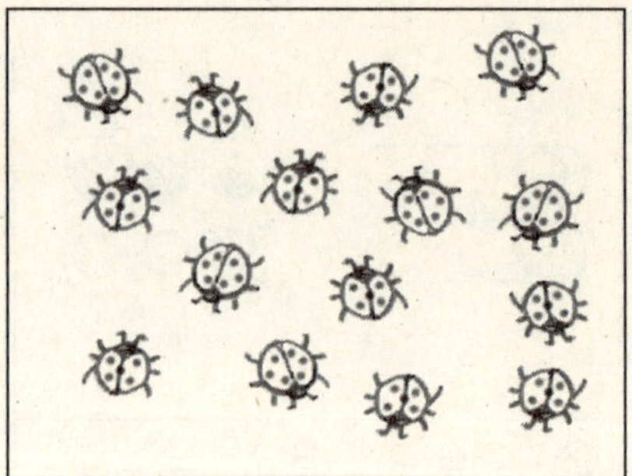

15 : 5 = □

□ · 5 = □□

2

□□ : 2 = □

□ · 2 = □□

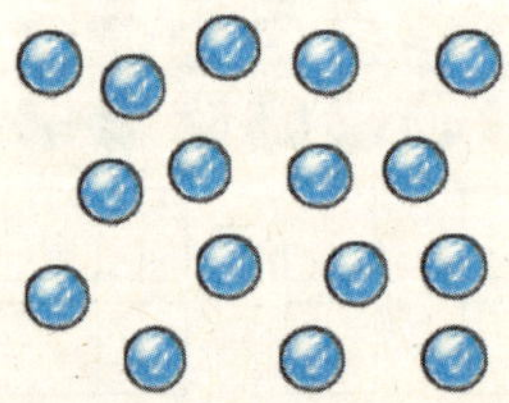

□□ : 4 = □

□ · □ = □□

□□ : 6 = □

□ · □ = □□

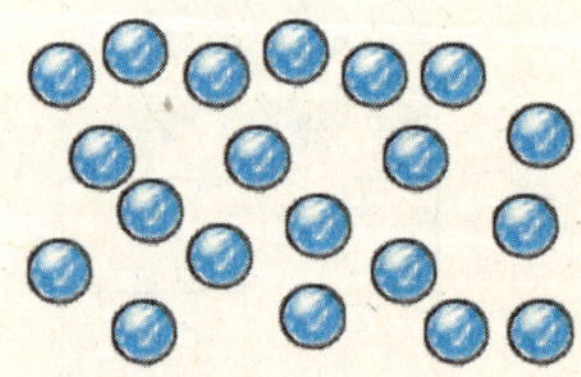

□□ : 5 = □

□ · □ = □□

3

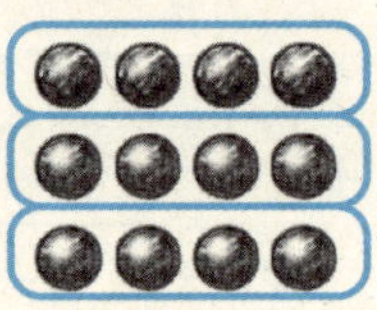

3 · 4 = ____

____ : 4 = ____

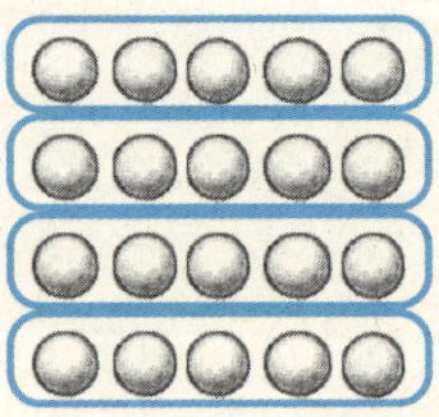

____ · 5 = ____

____ : ____ = ____

____ · ____ = ____

____ : ____ = ____

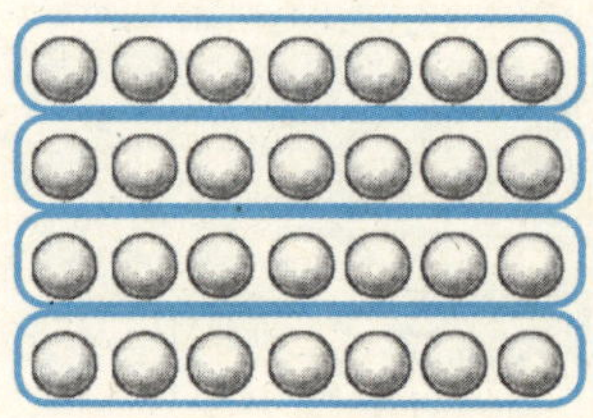

____ · ____ = ____

____ : ____ = ____

4

3 · ____ = ____

____ : 3 = ____

4 · ____ = ____

____ : 4 = ____

____ · ____ = ____

____ : ____ = ____

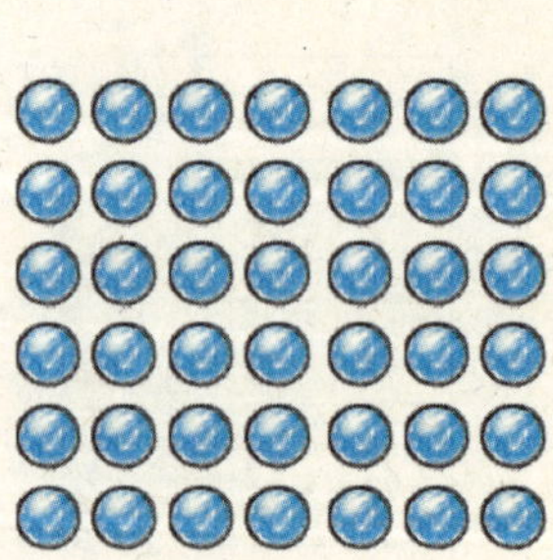

____ · ____ = ____

____ : ____ = ____

10ER- UND 5ER-REIHE

1

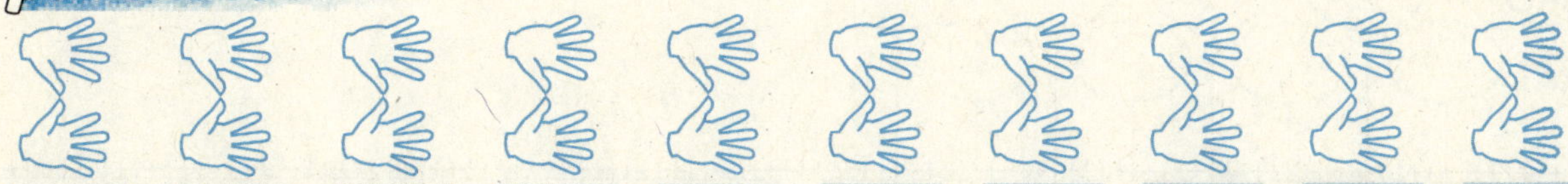

10	20								
1 · 10	2 · 10	3 · 10	__ · 10	__ · 10	___	___	___	___	___

2

2 · 10 = ___	2 · 10 = ___	5 · 10 = ___	10 · 10 = ___
5 · 10 = ___	3 · 10 = ___	6 · 10 = ___	9 · 10 = ___
10 · 10 = ___	4 · 10 = ___	7 · 10 = ___	8 · 10 = ___

3

___ · 10 = 100	___ · 10 = 30	___ · 10 = 90	___ · 10 = 10
___ · 10 = 20	___ · 10 = 60	___ · 10 = 50	___ · 10 = 0
___ · 10 = 80	___ · 10 = 40	___ · 10 = 70	___ · 10 = 80

4

5	10								
1 · 5	2 · 5	3 · 5	__ · 5	__ · 5	___	___	___	___	___

5

2 · 5 = ___	5 · 5 = ___	5 · 5 = ___	10 · 5 = ___
5 · 5 = ___	6 · 5 = ___	4 · 5 = ___	9 · 5 = ___
10 · 5 = ___	7 · 5 = ___	3 · 5 = ___	8 · 5 = ___

6

15 = ___ · 5	10 = ___ · 5	5 = ___ · 5	0 = ___ · 5
30 = ___ · 5	35 = ___ · 5	40 = ___ · 5	50 = ___ · 5
45 = ___ · 5	20 = ___ · 5	25 = ___ · 5	35 = ___ · 5

7 <, > oder =

7 · 10 ___ 70	10 · 10 ___ 10	6 · 5 ___ 35	0 · 5 ___ 5
5 · 10 ___ 55	1 · 10 ___ 1	3 · 5 ___ 15	10 · 5 ___ 15

10er- und 5er-Reihe

1

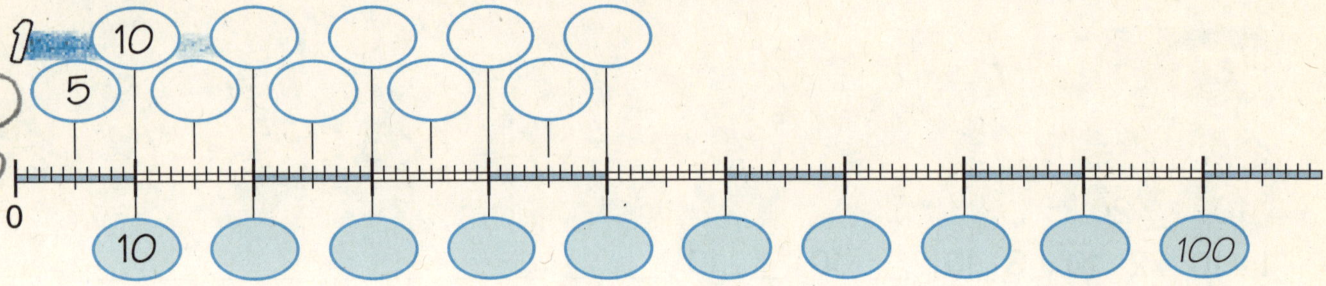

2

50 = ☐☐ · 10   20 = ☐ · 10   30 = ☐ · 10   10 = ☐ · 10

50 = ☐☐ · 5   20 = ☐ · 5   30 = ☐ · 5   10 = ☐ · 5

3

☐☐ = 2 · 5   ☐☐ = 5 · 5   ☐☐ = 7 · 5   ☐☐ = 9 · 5

☐☐ = 2 · 10   ☐☐ = 5 · 10   ☐☐ = 7 · 10   ☐☐ = 9 · 10

4

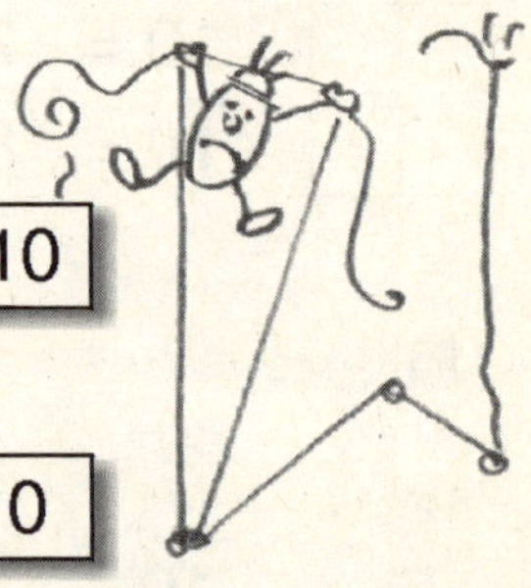

7 · 5	4 · 10	6 · 5	0 · 10	10 · 5	2 · 10
3 · 10	5 · 7	0 · 5	8 · 5	4 · 5	5 · 10

5

40 : 10 = ☐	15 : 5 = ☐	70 : 10 = ☐	45 : 5 = ☐
60 : 10 = ☐	40 : 5 = ☐	25 : 5 = ☐	20 : 5 = ☐
10 : 10 = ☐	10 : 5 = ☐	5 : 5 = ☐	90 : 10 = ☐
80 : 10 = ☐	35 : 5 = ☐	30 : 10 = ☐	30 : 5 = ☐

6

: 10 →	
50	
70	
10	
100	
80	
40	

: 5 →	
35	
20	
50	
10	
40	
25	

: 10 →	
	4
	9
	2
	6
	3
	1

: 5 →	
	5
	9
	1
	3
	6
	8

10er- und 5er-Reihe

1

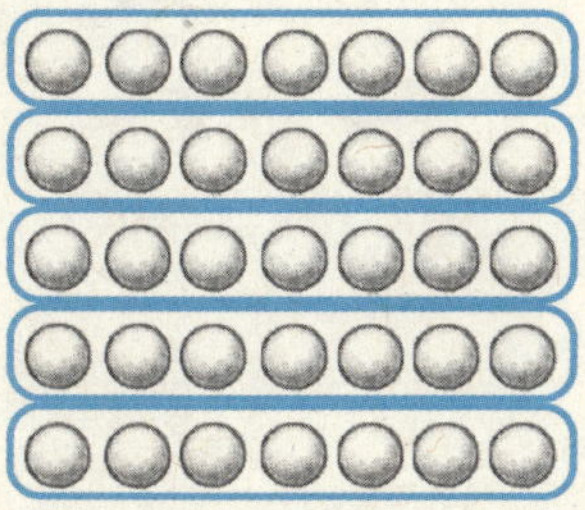

5 · 7 = ☐☐

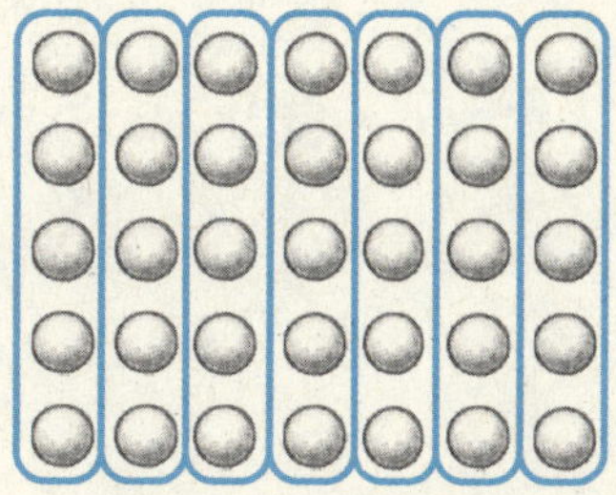

7 · 5 = ☐☐

2

10 · 4 = ☐☐	10 · 8 = ☐☐	10 · 3 = ☐☐	10 · 7 = ☐☐
4 · 10 = ☐☐	8 · 10 = ☐☐	☐ · ☐☐ = ☐☐	☐ · ☐☐ = ☐☐

3

5 · 6 = ☐☐	5 · 3 = ☐☐	5 · 9 = ☐☐	5 · 4 = ☐☐
6 · 5 = ☐☐	☐ · ☐ = ☐☐	☐ · ☐ = ☐☐	☐ · ☐ = ☐☐

4

6 · 10 =	· =	· =	· =
10 · 6 =	· =	· =	· =
60 : 10 =	: =	: =	: =
60 : 6 =	: =	: =	: =

5

Teile auf. Verschiedene Lösungen sind möglich.

· = 10	· = 40	· = 20	· = 30
· = 10	· = 40	· = 20	· = 30
10 : =	40 : =	20 : =	30 : =
10 : =	40 : =	20 : =	30 : =

2ER- UND 4ER-REIHE

1

2	4								
1 · 2	2 · 2	3 · 2	__ · 2	__ · 2	____	____	____	____	____

2

2 · 2 =	1 · 2 =	10 · 2 =	5 · 2 =
5 · 2 =	2 · 2 =	9 · 2 =	6 · 2 =
10 · 2 =	3 · 2 =	8 · 2 =	7 · 2 =

3

6 : 2 =	20 : 2 =	16 : 2 =	8 : 2 =
14 : 2 =	12 : 2 =	2 : 2 =	18 : 2 =
8 : 2 =	4 : 2 =	10 : 2 =	14 : 2 =

4

4	8								
1 · 4	2 · 4	3 · 4	__ · 4	__ · 4	____	____	____	____	____

5

2 · 4 =	2 · 4 =	5 · 4 =	10 · 4 =
5 · 4 =	3 · 4 =	6 · 4 =	9 · 4 =
10 · 4 =	4 · 4 =	7 · 4 =	8 · 4 =

6

16 : 4 =	12 : 4 =	8 : 4 =	28 : 4 =
28 : 4 =	4 : 4 =	24 : 4 =	40 : 4 =
36 : 4 =	20 : 4 =	32 : 4 =	12 : 4 =

7

☐ —·2→ 6	☐ —:2→ 4	☐ —·4→ 28	☐ —:4→ 10
☐ —·2→ 14	☐ —:2→ 8	☐ —·4→ 4	☐ —:4→ 2
☐ —·2→ 10	☐ —:2→ 1	☐ —·4→ 12	☐ —:4→ 4

2er- und 4er-Reihe

1

Färbe die Felder:
2er-Reihe bis 20 (gelb)
4er-Reihe (rot)

Achtung [1]

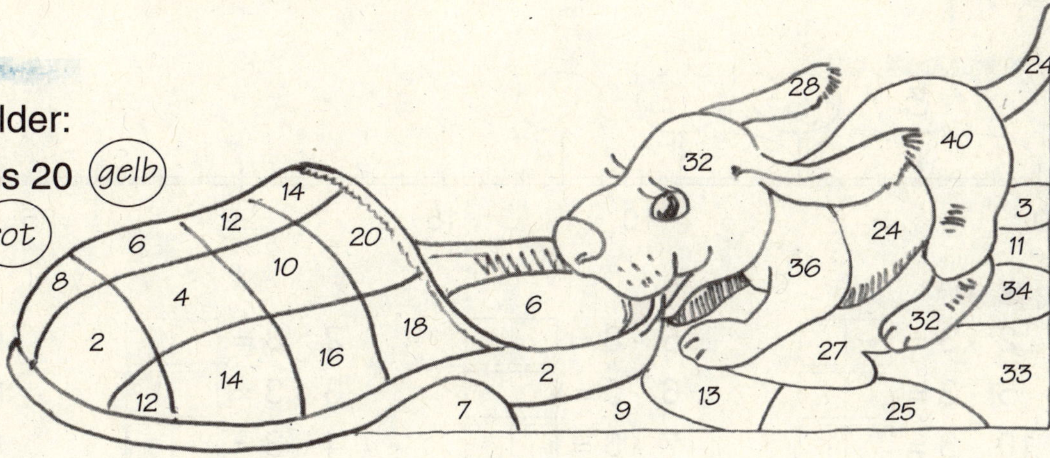

2

☐	= 2 · 2	☐☐	= 5 · 2	☐	= 0 · 2	☐☐	= 10 · 2
☐	= 2 · 4	☐☐	= 5 · 4	☐	= 0 · 4	☐☐	= 10 · 4
☐☐	= 3 · 4	☐☐	= 6 · 4	☐☐	= 7 · 4	☐☐	= 9 · 4
☐☐	= 3 · 2	☐☐	= 6 · 2	☐☐	= 7 · 2	☐☐	= 9 · 2

3

·	2	4
3		
4		

·	2	4
6		
8		

·		
10	40	
7		14

·	4	2
	20	
		0

4

Tauschaufgaben.

2 · 8 = ☐☐	10 · 2 = ☐☐	4 · 7 = ☐☐	5 · 4 = ☐☐
2 · 4 = ☐☐	8 · 2 = ☐☐	4 · 5 = ☐☐	3 · 4 = ☐☐
2 · 10 = ☐☐	4 · 2 = ☐☐	4 · 3 = ☐☐	7 · 4 = ☐☐

5

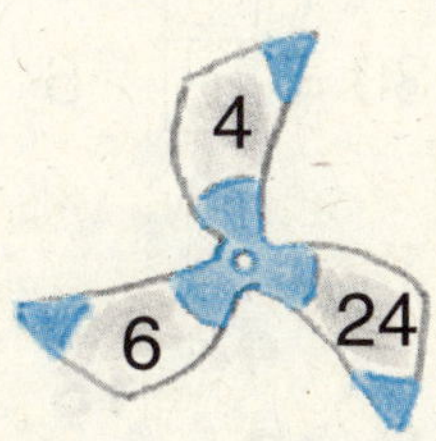

______ ______ ______ ______

______ ______ ______ ______

______ ______ ______ ______

______ ______ ______ ______

[1] Sechs Felder werden doppelt gefärbt

3er- und 6er-Reihe

1

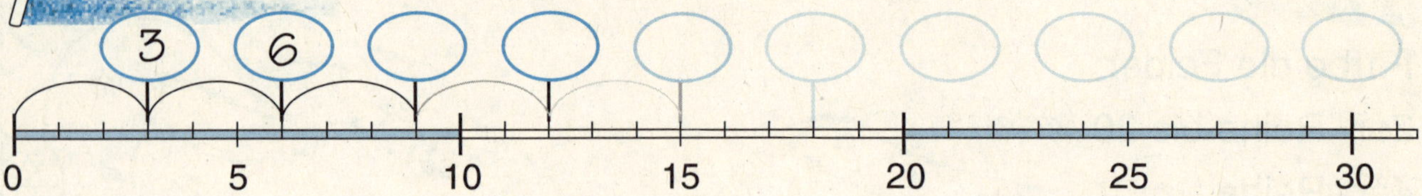

2

$2 \cdot 3 = \square$	$5 \cdot 3 = \square$	$2 \cdot 3 = \square$	$10 \cdot 3 = \square$
$5 \cdot 3 = \square$	$6 \cdot 3 = \square$	$3 \cdot 3 = \square$	$9 \cdot 3 = \square$
$10 \cdot 3 = \square$	$7 \cdot 3 = \square$	$4 \cdot 3 = \square$	$8 \cdot 3 = \square$

3

$\square \cdot 3 = 18$	$\square \cdot 3 = 9$	$\square \cdot 3 = 15$	$\square \cdot 3 = 30$
$\square \cdot 3 = 12$	$\square \cdot 3 = 3$	$\square \cdot 3 = 6$	$\square \cdot 3 = 24$
$\square \cdot 3 = 21$	$\square \cdot 3 = 24$	$\square \cdot 3 = 27$	$\square \cdot 3 = 0$

4

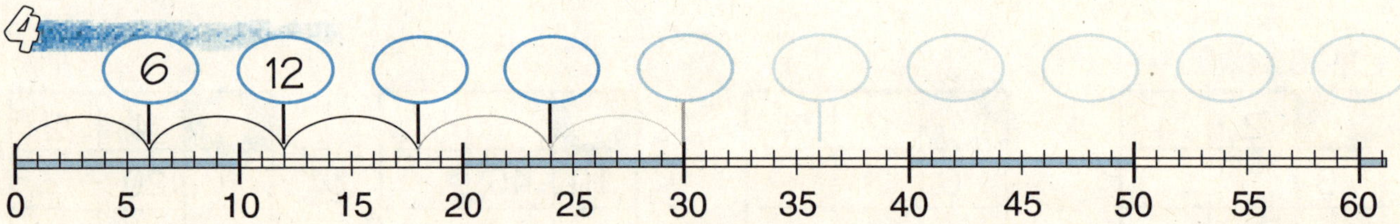

5

$2 \cdot 6 = \square$	$5 \cdot 6 = \square$	$10 \cdot 6 = \square$	$5 \cdot 6 = \square$
$5 \cdot 6 = \square$	$4 \cdot 6 = \square$	$9 \cdot 6 = \square$	$6 \cdot 6 = \square$
$10 \cdot 6 = \square$	$3 \cdot 6 = \square$	$8 \cdot 6 = \square$	$7 \cdot 6 = \square$

6

$18 = \square \cdot 6$	$54 = \square \cdot 6$	$0 = \square \cdot 6$	$12 = \square \cdot 6$
$6 = \square \cdot 6$	$24 = \square \cdot 6$	$42 = \square \cdot 6$	$60 = \square \cdot 6$
$48 = \square \cdot 6$	$36 = \square \cdot 6$	$30 = \square \cdot 6$	$54 = \square \cdot 6$

7

Kreise die Zahlen der 3er–Reihe rot ein, die Zahlen der 6er–Reihe grün.

48 **24** **43** **15** **42** **12** **1** **21** **6** **60** **7** **3** **30** **8** **10** **40** **56** **18** **27** **25** **33** **9** **13** **23** **54** **32** **20** **36** **44**

3er- und 6er-Reihe

1

2 · 3 = □□ 5 · 3 = □□ 7 · 3 = □□ 9 · 3 = □□
2 · 6 = □□ 5 · 6 = □□ 7 · 6 = □□ 9 · 6 = □□

0 · 6 = □ 8 · 6 = □□ 4 · 6 = □□ 6 · 6 = □□
0 · 3 = □ 8 · 3 = □□ 4 · 3 = □□ 6 · 3 = □□

2

: 3 →	
15	
3	
21	
24	

: 6 →	
48	
36	
54	
24	

3

:	3	6
18		
6		
12		
24		

·	3	6
2		
5		
3		
8		

4

6 = □ · 6 12 = □ · 6 24 = □ · 6 0 = □ · 6
6 = □ · 3 12 = □ · 3 24 = □ · 3 0 = □ · 3

30 = □□ · 3 18 = □ · 3 3 = □ · 3 30 = □□ · 3
30 = □□ · 6 18 = □ · 6 6 = □ · 6 60 = □□ · 6

5

12 : □ = 4 42 : □ = 7 12 : □ = 4 24 : □ = 8
30 : □ = 5 15 : □ = 5 54 : □ = 9 9 : □ = 3
6 : □ = 2 27 : □ = 9 18 : □ = 3 6 : □ = 1
18 : □ = 6 24 : □ = 4 48 : □ = 8 21 : □ = 7
24 : □ = 8 21 : □ = 7 3 : □ = 1 36 : □ = 6
6 : □ = 2 12 : □ = 2 30 : □ = 10 33 : □ = 11

6

Bilde immer aus drei Zahlen eine Aufgabe.

5, 6, 60, 3, 7, 3, 10, 15, 6, 24, 21, 4

___ : ___ = ___
___ : ___ = ___
___ : ___ = ___
___ : ___ = ___

48, 18, 3, 8, 30, 3, 6, 4, 3, 12, 10, 6

___ : ___ = ___
___ : ___ = ___
___ : ___ = ___
___ : ___ = ___

8ER-REIHE

1

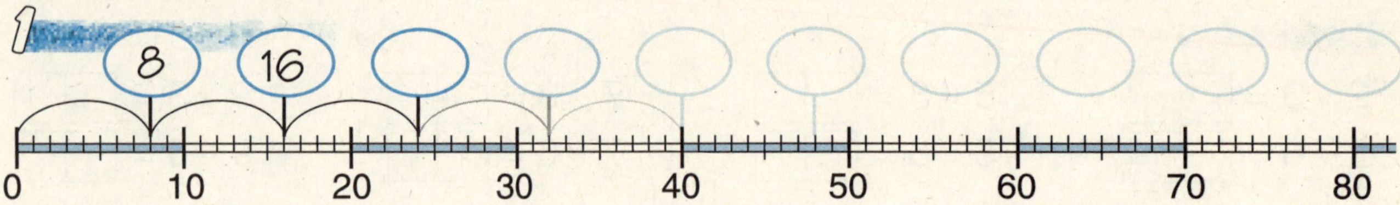

2

2 · 8 = ☐☐	2 · 8 = ☐☐	5 · 8 = ☐☐	10 · 8 = ☐☐
5 · 8 = ☐☐	3 · 8 = ☐☐	6 · 8 = ☐☐	9 · 8 = ☐☐
10 · 8 = ☐☐	4 · 8 = ☐☐	7 · 8 = ☐☐	8 · 8 = ☐☐

3

24 = ☐☐ · 8	40 = ☐ · 8	56 = ☐ · 8	72 = ☐ · 8
80 = ☐☐ · 8	0 = ☐ · 8	32 = ☐ · 8	64 = ☐ · 8
48 = ☐☐ · 8	16 = ☐ · 8	8 = ☐ · 8	24 = ☐ · 8

4

Streiche alle Zahlen durch, die nicht zur 8er–Reihe gehören.

68 24 56 54 18 32 72 48 74 64

28 26 8 40 36 42 80 16

5

56 : 8 = ☐	64 : 8 = ☐	80 : 8 = ☐☐	72 : 8 = ☐
24 : 8 = ☐	8 : 8 = ☐	16 : 8 = ☐☐	32 : 8 = ☐
48 : 8 = ☐	32 : 8 = ☐	40 : 8 = ☐☐	48 : 8 = ☐

6

☐☐ : 8 = 4	☐☐ : 8 = 2	☐☐ : 8 = 1	☐☐ : 8 = 5
☐☐ : 8 = 6	☐☐ : 8 = 7	☐☐ : 8 = 8	☐☐ : 8 = 9
☐☐ : 8 = 10	☐☐ : 8 = 9	☐☐ : 8 = 3	☐☐ : 8 = 4

7 <, > oder =

5 · 8 ☐ 45	78 ☐ 9 · 8	7 · 8 ☐ 54	42 ☐ 6 · 8
8 · 8 ☐ 56	24 ☐ 3 · 8	4 · 8 ☐ 36	1 ☐ 0 · 8
2 · 8 ☐ 16	0 ☐ 1 · 8	11 · 8 ☐ 88	10 ☐ 10 · 8

8ER-REIHE

1

☐☐ = 3 · 2
☐☐ = 3 · 4
☐☐ = 3 · 8

☐☐ = 6 · 2
☐☐ = 6 · 4
☐☐ = 6 · 8

☐☐ = 8 · 2
☐☐ = 8 · 4
☐☐ = 8 · 8

☐☐ = 7 · 2
☐☐ = 7 · 4
☐☐ = 7 · 8

2

8 = ☐ · 2
8 = ☐ · 8

16 = ☐ · 4
16 = ☐ · 8

8 = ☐ · 8
8 = ☐ · 4

24 = ☐☐ · 2
24 = ☐☐ · 4

40 = ☐☐ · 4
40 = ☐☐ · 8

24 = ☐ · 4
24 = ☐ · 8

4 = ☐ · 2
4 = ☐ · 4

48 = ☐☐ · 4
48 = ☐☐ · 8

3

12 : ☐ = 3
12 : ☐ = 6

40 : ☐ = 5
40 : ☐ = 10

24 : ☐ = 6
24 : ☐ = 3

48 : ☐ = 6
48 : ☐ = 12

4

10 —· 2→ ☐☐ —: 4→ ☐☐ —· 2→ ☐☐ —· 4→ ☐☐ —: 8→ ☐☐ —· 4→ ☐☐

64 —: 8→ ☐☐ —: 2→ ☐☐ —· 4→ ☐☐ —: 8→ ☐☐ —· 4→ ☐☐ —· 4→ ☐☐

48 —: 8→ ☐☐ —· 4→ ☐☐ —: 2→ ☐☐ —: 2→ ☐☐ —· 8→ ☐☐ —: 4→ ☐☐

☐6 —· 4→ ☐☐ —: 8→ ☐☐ —· 2→ ☐☐ —· 2→ ☐☐ —· 2→ ☐☐ —: 4→ ☐☐

12 —· 4→ ☐☐ —: 8→ ☐☐ —· 2→ ☐☐ —: 4→ ☐☐ —· 8→ ☐☐ —: 2→ ☐☐

5

Teile auf. Verschiedene Lösungen sind möglich.

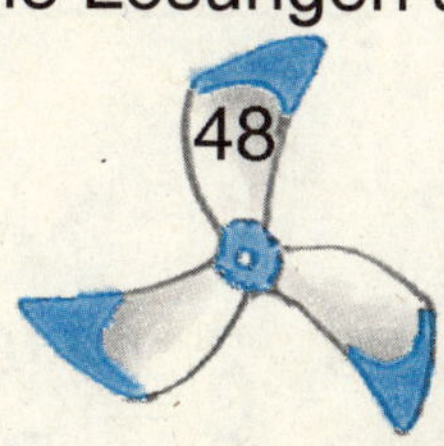

___ · ___ = 24
___ · ___ = 24
24 : ___ = ___
24 : ___ = ___

___ · ___ = 48
___ · ___ = 48
48 : ___ = ___
48 : ___ = ___

___ · ___ = 16
___ · ___ = 16
16 : ___ = ___
16 : ___ = ___

___ · ___ = 40
___ · ___ = 40
40 : ___ = ___
40 : ___ = ___

GEMISCHTE ÜBUNGEN

1

Gelb

7 · 3 = ☐☐
9 · 6 = ☐☐
10 · 4 = ☐☐
5 · 2 = ☐☐
6 · 3 = ☐☐

Grün

0 · 10 = ☐☐
8 · 2 = ☐☐
9 · 8 = ☐☐
7 · 5 = ☐☐
3 · 4 = ☐☐

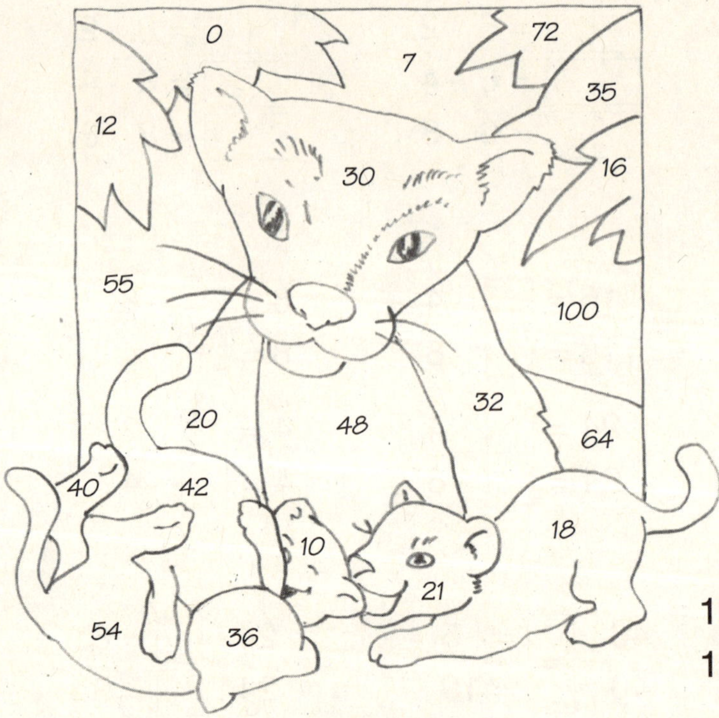

Braun

6 · 5 = ☐☐
8 · 8 = ☐☐
2 · 10 = ☐☐
9 · 4 = ☐☐
7 · 6 = ☐☐
8 · 6 = ☐☐
4 · 8 = ☐☐

Rot

7 · 1 = ☐☐
10 · 10 = ☐☐☐
11 · 5 = ☐☐

2

5 : 5 = ☐
12 : 2 = ☐
21 : 3 = ☐
24 : 8 = ☐

6 : 3 = ☐
12 : 4 = ☐
20 : 5 = ☐
30 : 6 = ☐

3

☐☐ = 2 · 2
☐☐ = 3 · 3
☐☐ = 4 · 4
☐☐ = 5 · 5

☐☐☐ = 10 · 10
☐☐ = 6 · 6
☐☐ = 8 · 8
☐☐ = 1 · 1

4

10 · ☐ = 60
9 · ☐ = 45
8 · ☐ = 32
7 · ☐ = 21

☐ · 6 = 48
☐ · 5 = 35
☐ · 4 = 24
☐ · 3 = 15

5

·	5	6	4	3	8
9					
			28		
6					

6 Verbinde, was gleich ist.

9 · 4	6 · 6
8 · 3	10 · 2
0 · 1	6 · 4
4 · 5	0 · 0

7

<, > oder =

9 · 2 ☐ 16
7 · 8 ☐ 56
9 · 3 ☐ 28
11 · 6 ☐ 61

6 · 3 ☐ 21
1 · 1 ☐ 0
7 · 4 ☐ 24
11 · 10 ☐ 110

1 Felder mit den Ergebniszahlen entsprechend ausmalen

GEMISCHTE ÜBUNGEN

1

D	A	R	T	P	E	G	I	N
2	6	3	7	8	5	4	9	1

56 : 8 = ☐ ☐
54 : 6 = ☐ ☐
12 : 3 = ☐ ☐
20 : 4 = ☐ ☐
6 : 2 = ☐ ☐

8 : 2 = ☐ ☐
30 : 6 = ☐ ☐
64 : 8 = ☐ ☐
24 : 4 = ☐ ☐
15 : 5 = ☐ ☐
6 : 3 = ☐ ☐

48 : 6 = ☐ ☐
18 : 3 = ☐ ☐
10 : 10 = ☐ ☐
35 : 5 = ☐ ☐
50 : 10 = ☐ ☐
24 : 8 = ☐ ☐

2

☐☐ —: 5→ ☐☐ —· 6→ ☐☐ —: 8→ ☐☐ —· 3→ ☐☐ —· 10→ 90

☐☐ —· 4→ ☐☐ —: 8→ ☐☐ —· 5→ ☐☐ —: 3→ ☐☐ —· 10→ 100

3

Kreise alle Zahlen
der 3er–Reihe blau ein,
der 4er–Reihe rot ein,
der 6er–Reihe grün ein,
der 8er–Reihe gelb ein.

1	2	3	4	5	6	7	8	9	10
11	12	13	14	15	16	17	18	19	20
21	22	23	24	25	26	27	28	29	30
31	32	33	34	35	36	37	38	39	40
41	42	43	44	45	46	47	48	49	50
51	52	53	54	55	56	57	58	59	60
61	62	63	64	65	66	67	68	69	70
71	72	73	74	75	76	77	78	79	80
81	82	83	84	85	86	87	88	89	90
91	92	93	94	95	96	97	98	99	100

a) Welche Zahlen gehören gleichzeitig zur 4er– und zur 6er–Reihe?

____

b) Welche Zahlen gehören gleichzeitig zur 6er– und zur 8er–Reihe?

____

c) Welche Zahlen gehören gleichzeitig zur 4er– und zur 8er–Reihe?

____

d) Welche Zahlen gehören gleichzeitig zur 3er– und zur 6er–Reihe?

____

9ER-REIHE

1

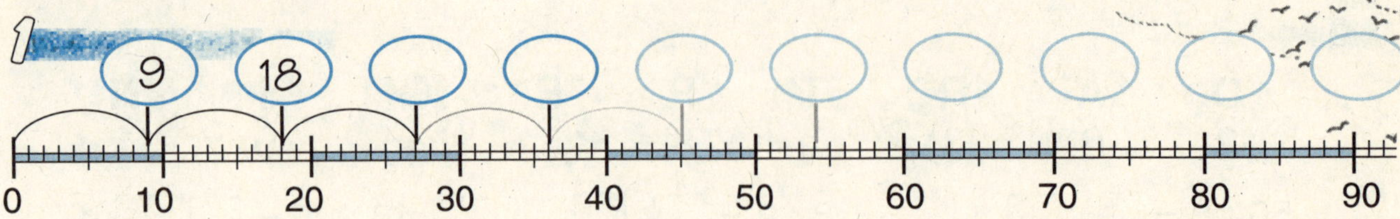

2

2 · 9 = ☐☐	5 · 9 = ☐☐	5 · 9 = ☐☐	10 · 9 = ☐☐
5 · 9 = ☐☐	4 · 9 = ☐☐	6 · 9 = ☐☐	9 · 9 = ☐☐
10 · 9 = ☐☐	3 · 9 = ☐☐	7 · 9 = ☐☐	8 · 9 = ☐☐

3

☐ · 9 = 54	☐☐ · 9 = 27	☐ · 9 = 36	☐ · 9 = 45
☐ · 9 = 81	☐☐ · 9 = 90	☐ · 9 = 0	☐ · 9 = 18
☐ · 9 = 9	☐☐ · 9 = 63	☐ · 9 = 72	☐ · 9 = 54

4

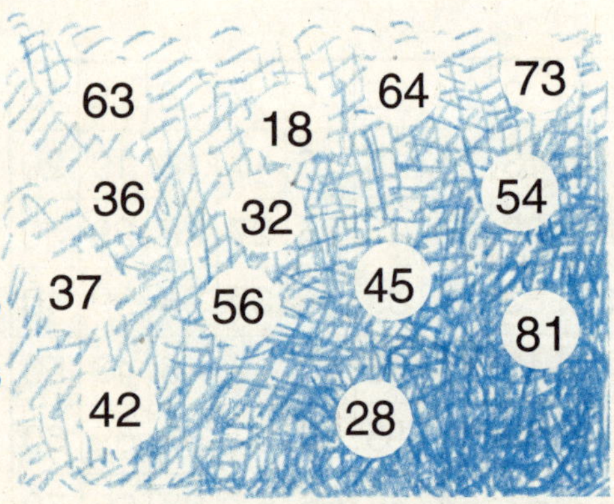

Streiche alle Zahlen durch,
die nicht zur 9er–Reihe gehören.
Schreibe zu den 9er–Zahlen
die passende Durch–Aufgabe.

1 8 : 9 = ☐	☐☐ : ☐ = ☐
☐☐ : ☐ = ☐	☐☐ : ☐ = ☐
☐☐ : ☐ = ☐	☐☐ : ☐ = ☐

5

Verbinde die 9er–Zahlen
der Reihe nach.
Beginne mit den
blauen Zahlen.

6

1 · 9 =	1 · 1 0	–	1
2 · 9 =	2 · 1 0	–	☐
3 · 9 =	3 · 1 0	–	☐
4 · 9 =	4 · ☐☐	–	☐
5 · 9 =	5 · ☐☐	–	☐
6 · 9 =	☐ · ☐☐	–	☐
7 · 9 =	☐ · ☐☐	–	☐
8 · ☐ =	☐ · ☐☐	–	☐
9 · ☐ =	☐ · ☐☐	–	☐
☐☐ · ☐ =	☐☐ · ☐☐	–	☐☐

9er-, 6er- und 3er-Reihe

1

Tauschaufgaben.

27 = ☐ · 9   45 = ☐ · 9   90 = ☐☐ · 9   54 = ☐ · 9

27 = ☐ · 3   45 = ☐ · ☐   90 = ☐ · ☐☐   54 = ☐ · ☐

2

1	2	3	4	5	6	7	8	9	10
11	12	13	14	15	16	17	18	19	20
21	22	23	24	25	26	27	28	29	30
31	32	33	34	35	36	37	38	39	40
41	42	43	44	45	46	47	48	49	50
51	52	53	54	55	56	57	58	59	60
61	62	63	64	65	66	67	68	69	70
71	72	73	74	75	76	77	78	79	80
81	82	83	84	85	86	87	88	89	90
91	92	93	94	95	96	97	98	99	100

Kreise alle Zahlen
der 3er–Reihe blau ein,
der 6er–Reihe grün ein,
der 9er–Reihe orange ein.

Welche Zahlen gehören gleichzeitig zur 3er–, 6er– **und** 9er–Reihe?

____

3

·	3	6	9
2			
4			
0			

·	6	9	3
8			
	42		
			18

·			
3		9	
9	81		
5			30

4

12 : ☐ = 2	24 : ☐ = 4	30 : ☐ = 10	18 : ☐ = 3
27 : ☐ = 9	54 : ☐ = 6	33 : ☐ = 11	21 : ☐ = 7
36 : ☐ = 4	18 : ☐ = 2	60 : ☐ = 10	63 : ☐ = 7
24 : ☐ = 8	27 : ☐ = 3	66 : ☐ = 11	42 : ☐ = 7
45 : ☐ = 5	15 : ☐ = 5	81 : ☐ = 9	54 : ☐ = 9

5 <, > oder =

6 · 6 ☐ 4 · 9	4 · 3 ☐ 2 · 6	8 · 3 ☐ 3 · 6	6 · 10 ☐ 7 · 9
2 · 9 ☐ 7 · 3	5 · 9 ☐ 10 · 3	5 · 6 ☐ 11 · 3	4 · 9 ☐ 8 · 6
3 · 6 ☐ 2 · 9	6 · 9 ☐ 10 · 6	0 · 6 ☐ 3 · 0	6 · 3 ☐ 3 · 9

1

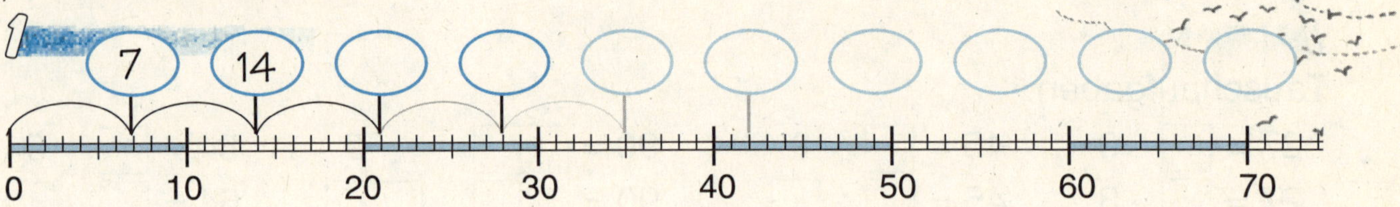

2

2 · 7 = ☐	2 · 7 = ☐	10 · 7 = ☐	5 · 7 = ☐
5 · 7 = ☐	3 · 7 = ☐	9 · 7 = ☐	6 · 7 = ☐
10 · 7 = ☐	4 · 7 = ☐	8 · 7 = ☐	7 · 7 = ☐

3

28 = ☐ · 7	7 = ☐ · 7	56 = ☐ · 7	42 = ☐ · 7
49 = ☐ · 7	63 = ☐ · 7	35 = ☐ · 7	0 = ☐ · 7
14 = ☐ · 7	21 = ☐ · 7	70 = ☐ · 7	49 = ☐ · 7

4

56 : 7	21 : 7	7 : 7	28 : 7	63 : 7	14 : 7	49 : 7
1	8	3	9	7	4	2

5

: 7	
42	
70	
14	
35	

: 7	
49	
21	
7	
63	

: 7	
	4
	8
	6
	2

: 7	
	9
	1
	3
	10

6 <, > oder =

6 · 7 ☐ 43	7 ☐ 10 · 7	1 · 7 ☐ 0	72 ☐ 9 · 7
2 · 7 ☐ 12	30 ☐ 5 · 7	7 · 7 ☐ 56	24 ☐ 3 · 7
0 · 7 ☐ 7	21 ☐ 3 · 7	4 · 7 ☐ 24	42 ☐ 6 · 7
9 · 7 ☐ 62	54 ☐ 8 · 7	11 · 7 ☐ 77	14 ☐ 2 · 7

7ER-REIHE

1

35 = □ · 7 70 = □□ · 7 28 = □ · 7 56 = □ · 7

35 = □ · 5 70 = □ · □□ 28 = □ · □ 56 = □ · □

2

___ · ___ = ___

___ · ___ = ___

___ : ___ = ___

___ : ___ = ___

3

□1 → · 3 → □□ → □□
↓ · 7
□□ → □□ → □□

□2 → · 2 → □□ → □□
↓ · 7
□□ → □□ → □□

4

___ · ___ = ___

___ · ___ = ___

___ : ___ = ___

___ : ___ = ___

5

Bilde immer aus drei Zahlen eine Aufgabe.

6 14 21 7 7 2 63 7 3 9 42 7

□ · □ = □□

□ · □ = □□

□ · □ = □□

□ · □ = □□

7 35 49 7 5 4 7 56 28 7 8 7

□□ : □ = □

□□ : □ = □

□□ : □ = □

□□ : □ = □

GEMISCHTE ÜBUNGEN

1

3 · 6 = ☐
7 · 4 = ☐
5 · 7 = ☐
4 · 3 = ☐
6 · 6 = ☐
4 · 10 = ☐

☐ = 6 · 8
☐ = 5 · 5
☐ = 8 · 9
☐ = 10 · 3
☐ = 8 · 4
☐ = 7 · 7

4 · 2 = ☐
7 · 1 = ☐
1 · 3 = ☐
3 · 3 = ☐
8 · 0 = ☐
3 · 2 = ☐

☐ = 7 · 6
☐ = 3 · 8
☐ = 9 · 9
☐ = 8 · 2
☐ = 8 · 7
☐ = 8 · 8

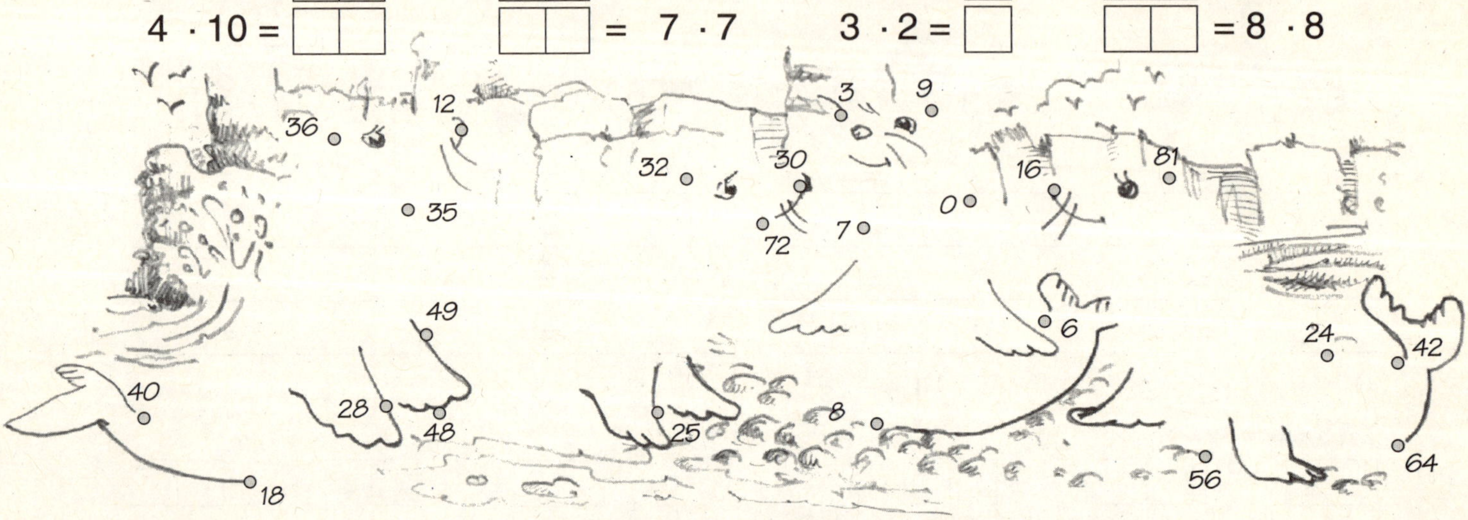

2

5 · 8 = ☐
6 · 9 = ☐
10 · 5 = ☐
9 · 2 = ☐

4 · 6 = ☐
4 · 4 = ☐
9 · 7 = ☐
5 · 3 = ☐

3

10 · ☐ = 0
9 · ☐ = 9
8 · ☐ = 16
7 · ☐ = 21

8 · ☐ = 72
7 · ☐ = 49
6 · ☐ = 48
5 · ☐ = 35

4

12 : 2 = ☐
36 : 4 = ☐
70 : 10 = ☐
24 : 3 = ☐

14 : 7 = ☐
32 : 8 = ☐
20 : 4 = ☐
18 : 6 = ☐

5

·	2	9		5	
	20				
9			72		
				35	42

6

:	7	
42		
21		21
63		
49		

:		9
27		
9		
36	12	
		2

7

<, > oder =

2 · 7 ☐ 35
3 · 7 ☐ 35
4 · 7 ☐ 35
5 · 7 ☐ 35

3 · 9 ☐ 45
4 · 9 ☐ 45
5 · 9 ☐ 45
6 · 9 ☐ 45

40

1 Zahlen entsprechend der Reihenfolge der Ergebnisse verbinden, für jedes Päckchen neu beginnen

GEMISCHTE ÜBUNGEN

1

18	12	30	24
1 · 18	·	·	·
18 ·	·	·	·
2 ·	·	·	·
·	·	·	·
·	·	·	·
·	·	·	·

2

18	12	30	24
9 · 2 + 0	6 · 2 + ☐☐	6 · 5 + ☐☐	8 · 3 + ☐☐
☐ · 2 + ☐☐	☐ · 2 + ☐☐	☐ · 5 + ☐☐	☐ · 3 + ☐☐
☐ · 2 + ☐☐	☐ · 2 + ☐☐	☐ · 5 + ☐☐	☐ · 3 + ☐☐
☐ · 2 + ☐☐	☐ · 2 + ☐☐	☐ · 5 + ☐☐	☐ · 3 + ☐☐
☐ · 2 + ☐☐	☐ · 2 + ☐☐	☐ · 5 + ☐☐	☐ · 3 + ☐☐
☐ · 2 + ☐☐	☐ · 2 + ☐☐	☐ · 5 + ☐☐	☐ · 3 + ☐☐

3

Diesmal soll die Zahl, die du am Schluss addierst, so klein wie möglich sein!

24 = ☐☐ · 1 + 0	1 8 = ☐☐ · 1 + ☐
24 = ☐☐ · 2 + ☐	1 8 = ☐☐ · 2 + ☐
24 = ☐☐ · 3 + ☐	1 8 = ☐☐ · 3 + ☐
24 = ☐☐ · 4 + ☐	1 8 = ☐☐ · 4 + ☐
24 = ☐☐ · 5 + ☐	1 8 = ☐☐ · 5 + ☐
24 = ☐☐ · 6 + ☐	☐☐ = ☐☐ · ☐ + ☐
24 = ☐☐ · 7 + ☐	☐☐ = ☐☐ · ☐ + ☐
24 = ☐☐ · 8 + ☐	☐☐ = ☐☐ · ☐ + ☐
24 = ☐☐ · 9 + ☐	☐☐ = ☐☐ · ☐ + ☐
24 = ☐☐ · 10 + ☐	☐☐ = ☐☐ · ☐☐ + ☐

GEMISCHTE ÜBUNGEN

1

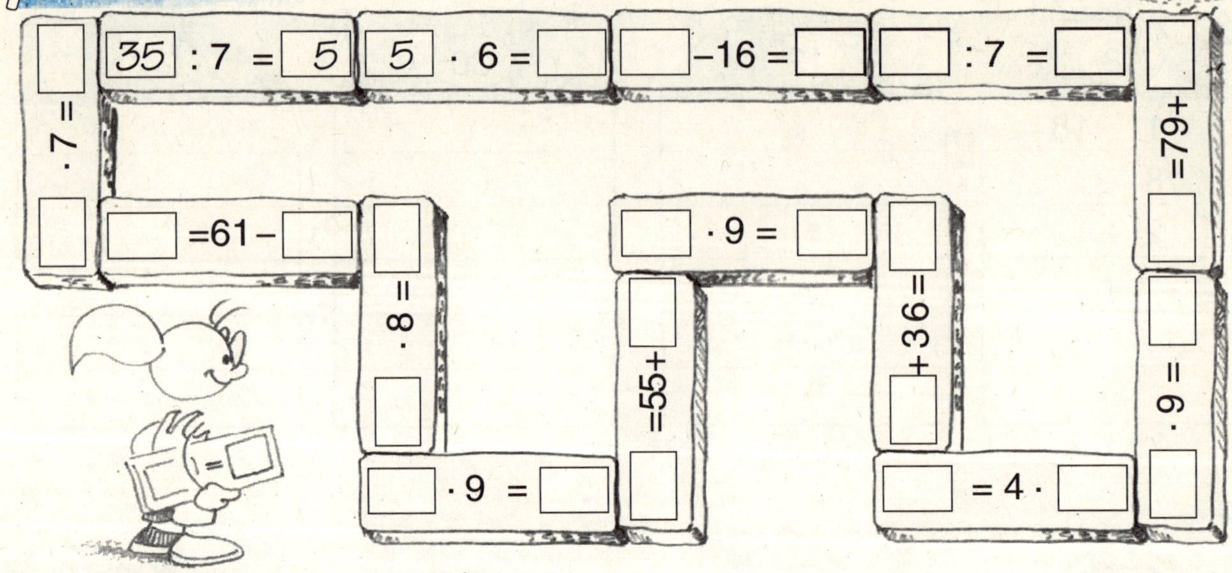

2

14	+16 →		: 5 →		· 7 →		–21 →		: 3 →	
8	· 7 →		–28 →		: 7 →		· 8 →		–23 →	
97	–25 →		: 8 →		· 6 →		–19 →		: 5 →	
52	–16 →		: 6 →		· 8 →		+33 →		: 9 →	

3

7 · 2 + 7 = ☐☐　　☐☐ = 4 · 6 – 7　　5 · 7 + 8 = ☐☐

6 · 3 + 5 = ☐☐　　☐☐ = 3 · 7 – 5　　6 · 6 + 6 = ☐☐

5 · 9 + 8 = ☐☐　　☐☐ = 6 · 5 – 8　　5 · 8 – 7 = ☐☐

4 · 8 + 9 = ☐☐　　☐☐ = 3 · 8 – 5　　6 · 7 – 8 = ☐☐

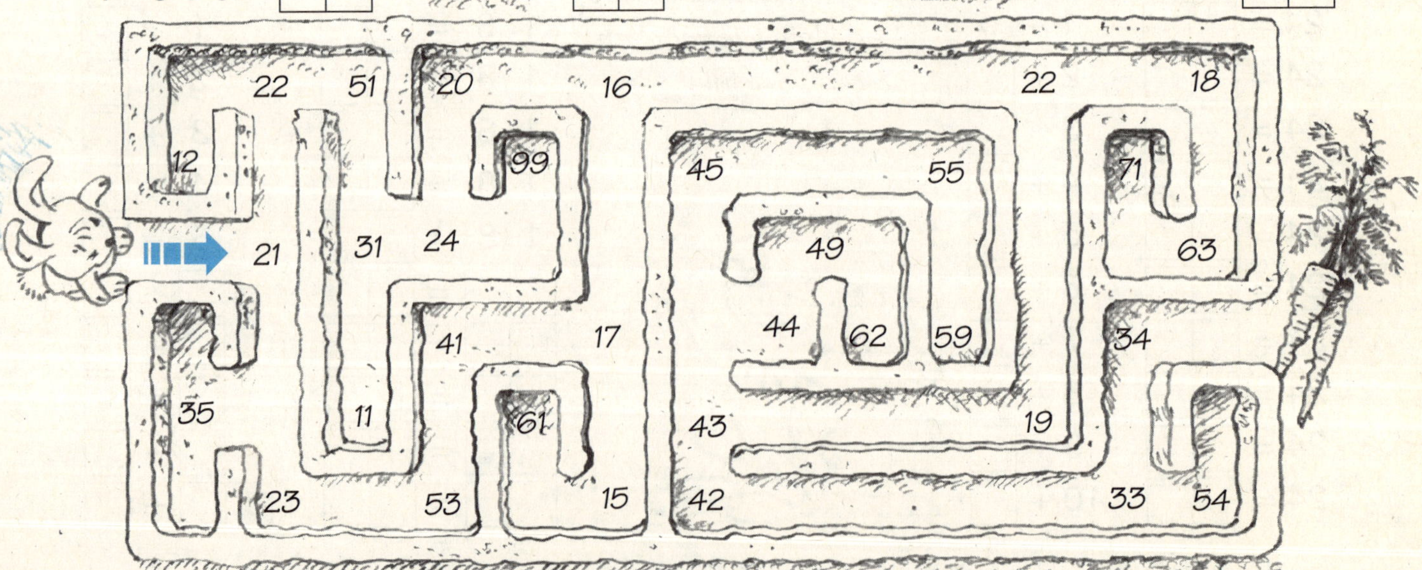

4 Aufgaben der Reihe nach rechnen und die richtigen Abzweigungen wählen

GEMISCHTE ÜBUNGEN

1

Immer ☐☐

11		
	11	
8		11

Immer 84

25		
29	28	

Immer 90

	24	
21	36	

Immer ☐☐

30		34
	33	
32		

2

B	C	D	E	F	H	I	N	O	P	R	S	T	U
15	93	41	83	99	91	32	88	17	76	65	86	24	53

24 + 17 = 4 1	53 − 29 = ☐☐	100 − 17 = ☐☐	38 + 38 = ☐☐
35 + 18 = ☐☐	49 + 34 = ☐☐	48 + 45 = ☐☐	81 − 16 = ☐☐
42 − 27 = ☐☐	51 − 19 = ☐☐	26 + 65 = ☐☐	90 − 73 = ☐☐
16 + 16 = ☐☐	69 + 19 = ☐☐	37 + 46 = ☐☐	44 + 55 = ☐☐
29 + 57 = ☐☐	100 − 35 = ☐☐	100 − 12 = ☐☐	81 − 49 = ☐☐

Lösungssatz: D☐ ☐☐☐☐ ☐☐☐ ☐☐☐☐☐☐☐☐☐☐☐

3

32 + 5 = ☐☐	42 + ☐ = 48
41 + 8 = ☐☐	51 + ☐ = 57
63 + 6 = ☐☐	63 + ☐ = 69
57 − 5 = ☐☐	59 − ☐ = 52
78 − 6 = ☐☐	98 − ☐ = 91
69 − 7 = ☐☐	87 − ☐ = 82

4

66 + 8 = ☐☐	78 + ☐ = 84
75 + 9 = ☐☐	69 + ☐ = 75
54 + 7 = ☐☐	37 + ☐ = 46
82 − 6 = ☐☐	52 − ☐ = 44
64 − 9 = ☐☐	83 − ☐ = 76
45 − 8 = ☐☐	94 − ☐ = 85

5

31 + 54 = ☐☐	26 + ☐☐ = 48
22 + 67 = ☐☐	34 + ☐☐ = 69
46 + 33 = ☐☐	52 + ☐☐ = 87
67 − 25 = ☐☐	65 − ☐☐ = 31
78 − 34 = ☐☐	87 − ☐☐ = 44
96 − 45 = ☐☐	99 − ☐☐ = 55

6

43 + 37 = ☐☐	53 − 17 = ☐☐
58 + 24 = ☐☐	64 − 29 = ☐☐
65 + 28 = ☐☐	75 − 38 = ☐☐
37 + 46 = ☐☐	86 − 47 = ☐☐
26 + 59 = ☐☐	92 − 56 = ☐☐
14 + 77 = ☐☐	67 − 49 = ☐☐

GEMISCHTE ÜBUNGEN

1

4 · 8 + 30 = ☐	2 · 7 + ☐ = 20	9 + 6 · 8 = ☐	☐ = 4 · 9 + 15
7 · 5 + 20 = ☐	6 · 6 + ☐ = 40	8 + 4 · 7 = ☐	☐ = 5 · 7 + 26
4 · 6 + 40 = ☐	7 · 8 + ☐ = 60	7 + 8 · 8 = ☐	☐ = 3 · 8 + 17
8 · 8 − 40 = ☐	9 · 9 − ☐ = 80	9 · 6 − 5 = ☐	☐ = 8 · 8 − 15
9 · 6 − 30 = ☐	5 · 7 − ☐ = 30	5 · 7 − 9 = ☐	☐ = 7 · 9 − 14
7 · 6 − 20 = ☐	7 · 8 − ☐ = 50	8 · 4 − 6 = ☐	☐ = 6 · 8 − 29

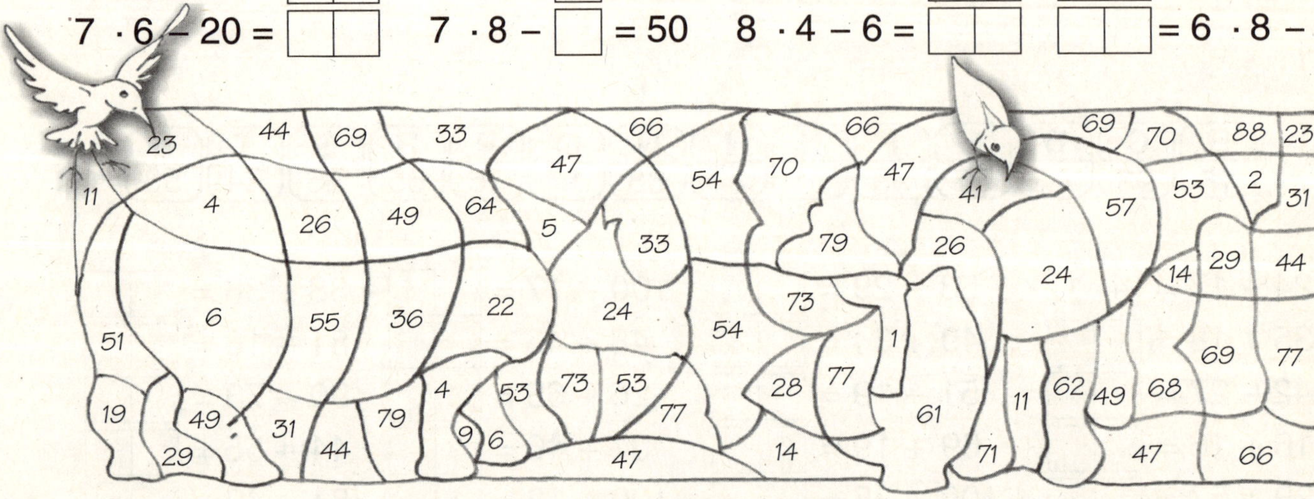

2

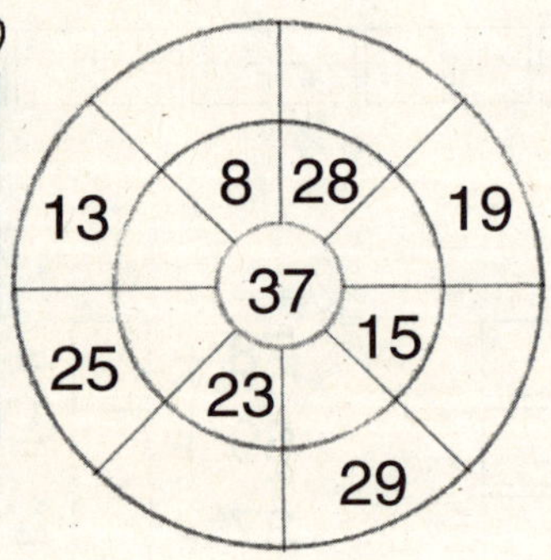

3

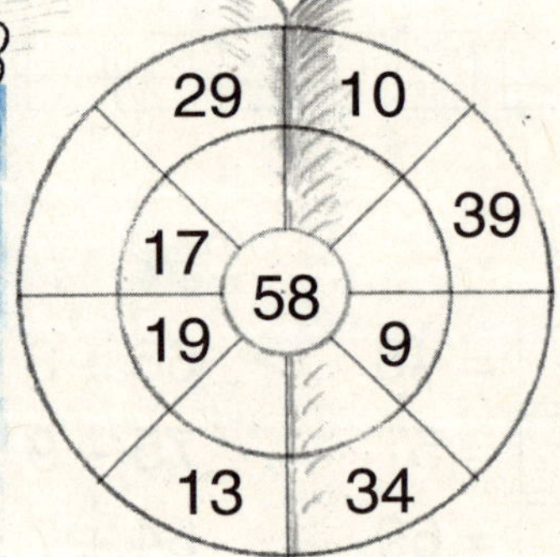

4

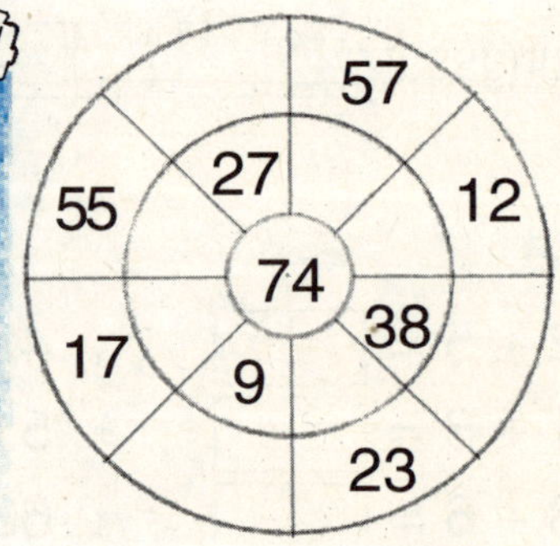

5

17	+ 15 →	☐	: 8 →	☐	· 9 →	☐	− 28 →	☐
9	· 7 →	☐	− 25 →	☐	: 2 →	☐	+ 73 →	☐
56	: 8 →	☐	· 7 →	☐	+ 39 →	☐	: 8 →	☐

6

·	3	5	7	9	8
2					
4					
6					
9					

7

·		8		7	
8					
		40	25		45
3	18				
				49	

1 Felder mit den Ergebniszahlen ausmalen

LÖSUNGEN

1

1
9
7
8
4
1

2
18
17
20
11
19

3
14
13
16
12
15
14

4
10
6
3
5
2
8

5

8	18	8	3
14	12	5	7

6
4
5
6
3
5
5

7
5
7
5
3
6
4

8
6
7
5
8
6
8

9
8
8
8
7
7
7

2

1
25 36 43

2

35	57	68
30 + 5	50 + 7	60 + 8

3

45	72	84	60
40 + 5	70 + 2	80 + 4	60 + 0

3

1
20+8 50+2 75 80

2

45	5Z 1E	4Z 3E
36	2Z 4E	6Z 2E
50	3Z 8E	7Z 0E
87	9Z 3E	5Z 7E
70	6Z 0E	8Z 9E
29	7Z 6E	2Z 5E
68	4Z 7E	9Z 4E
100	8Z 0E	10Z 0E
81	0Z 9E	0Z 6E

3

30+7	42	9
40+5	63	3
60+2	27	6
20+9	56	4
70+4	84	5
50+6	38	1
80+7	75	2
90+2	99	8
60+0	13	0

4

1

6	33	69	73	99
24	28	51	66	88
14	30	53	57	92
9	23	47	82	95
11	32	45	80	86
2	49	61	78	97

2
rote Zahlen:
9
19
28 29 30
31 32 33 35 37 39
41 43 45 47 49
51 53 55 57 59
61 62 63 65 66 67 69
73
83
91 92 93

3
12 13 14 25 26 27
22 23 24 36 37 38
32 33 34 64 65 66 48
42 43 44 74 56 57 58
84
44 45 94 95 96 70
55 56 78 79 80
66 67 86 87 90
74 75 96 99 100

4 Krokodil

5

1
9 26 37 51 64 72 85 96

3
5 6 7 19 20 21
9 10 11 47 48 49
16 17 18 69 70 71
8 9 10 28 29 30
34 35 36 51 52 53

4
50 56 60 90 91 100
40 44 50 30 32 40
60 68 70 70 78 80
20 27 30 80 87 90
10 13 20 40 49 50

5

30<50	34=34	84>64	32=32
45>42	95<96	59>50	56<65
78<87	63>36	78<87	65=65
96>69	22>21	24<27	69>66

(6)
13< 31< 45< 47< 59< 68< 91< 95

(7)
22,24,26,28,30,32,34,36,38,40,42,44,46,48,50
47,49,51,53,55,57,59,61,63,65,67,69,71,73,75
85,83,81,79,77,75,73,71,69,67,65,63,61,59,57
18,23,28,33,38,43,48,53,58,63,68,73,78,83,88

6

1

6	8	3
60	80	30
9	9	3
90	90	30

2
60 – 80   70 – 20
80 – 50   40 – 70
90 – 60   100 – 40
50 – 90   20 – 100

(3)
20 + 20 = 40
80 − 39 = 50
30 + 60 = 90
70 + 30 = 100
70 − 60 = 10

4

42	56	71
64	66	53
81	76	15
28	86	49

7

1

7	58
17	98
27	68
37	28

2

7	52
17	42
27	92
37	62

3

29	59	3	5
49	99	5	3
78	48	1	5
68	38	8	8

(4)

<	<	=	<
=	>	<	<
>	=	>	<
<	<	>	=

5

+	4	2	5	3	6
21	25	23	26	24	27
54	58	56	59	57	60
62	66	64	67	65	68

6

−	5	2	6	4	7
88	83	86	82	84	81
27	22	25	21	23	20
59	54	57	53	55	52

7
29 – 79   74 – 70
78 – 28   72 – 72
28 – 29   70 – 71
79 – 78   71 – 74

8

1

20	24	30
40	49	50
70	75	80
30	38	40
90	92	100
60	63	70

2

35+5=40	52+8=60	24+6=30
35−5=30	52−2=50	24−4=20
43+7=50	71+9=80	98+2=100
43−3=40	71−1=70	98−8= 90

3

44	67	39	95
36	53	21	85

4

40	3	4	75
60	5	5	57
70	7	9	33
90	9	1	68

5

68	3	30	55
67	4	40	78
65	5	70	33
64	9	90	81

6
17,20,27,30,37,40,47,50,57,60,67,70
56,50,46,40,36,30,26,20,16,10, 6, 0

(7)
2 → 50   6 → 40
5 → 40   2 → 90
3 → 90   7 → 70
2 → 30   0 → 50

9

1
53 94

2

61	42
72	92
84	52
33	61

3

51	21	51	67
84	74	35	41
62	92	42	78
33	35	84	90

4

6	8	7
7	6	9

5

55	81
73	63
35	44
93	71
23	92
42	31
62	22

10

1
46 85

2

46	28
54	78
67	38
17	47

3

24	69	28	89
48	56	87	35
86	88	49	48
29	17	58	72

4

9	6
4	8

(5)
28 / 19 9 / 16 3 6
32 / 7 25 / 0 7 18
77 / 69 8 / 64 5 3
51 / 9 42 / 4 5 37
91 / 83 8 / 78 5 3
72 / 8 64 / 3 5 59

11

1

31	77	9	9
57	66	4	5
66	27	8	5
93	87	7	8

2

+	8	5	9	6	3
58	66	63	67	64	61
35	43	40	44	41	38
77	85	82	86	83	80

3

−	7	4	9	5	8
91	84	87	82	86	83
33	26	29	24	28	25
64	57	60	55	59	56

4
54: 5, 48, 8, 54, 7, 49, 3, 45
41: 4, 57, 35, 9, 3, 33, 39
92: 3, 84, 6, 4, 7, 90, 5, 9

5
22,28,34,40,46,52,58,64,70,76,82,88,94,100
11,15,19,23,27,31,35,39,43,47,51,55,59,63
98.91.84.77.70.63.56.49.42.35.28.21.14,7
85,79,73,67,61,55,49,43,37,31,25,19,13,7

(6)

+	4	9	3	5	7
38	42	47	41	43	45
46	50	55	49	51	53
79	83	88	82	84	86

(7)

−	8	5	6	3	7
63	55	58	57	60	56
91	83	86	85	88	84
32	24	27	26	29	25

12

1

3	49	7	73
5	62	6	27
9	18	7	41
2	86	3	74

2

27+7=34	74−9=65	68−7=61
54+8=62	71−7=64	42−6=36
41−9=32	27+6=33	63

3
18 19 20 40 46 50
53 54 55 70 79 80
98 99 100 50 57 60
69 70 71 20 28 30

4

18	52
67	31
99	93
36	62

5

4	45
8	77
9	53
1	38

6

3	30
4	40
9	70
7	90

7

55	65
73	48
35	26
93	57

8

6	8
9	9
4	7
7	8

LÖSUNGEN

13

1

65
69

66	54
69	59
92	92
99	95

2

39	88
79	79
84	98
88	99

3

+	14	42	31	54	46	23	25
24	38	66	55	78	70	47	49
41	55	83	72	95	87	64	66
33	47	75	64	87	79	56	58

④

>	=	=
>	<	>
=	>	>
>	<	<

14

1

58
53

46	45
43	41
47	19
42	13

2

33	82
15	22
41	22
42	11

3

32	22	54
31	26	55
33	24	53
36	23	57

④

>	=	<
<	<	=
<	>	<

⑤

69 → 57 → 49 → 35
88 → 71 → 66 → 53
33 → 47 → 51 → 67
68 → 55 → 57 → 11
99 → 66 → 35 → 100

15

1

33 17 22

2

4	3	9
4+10	3+10	9+30
4+20	3+20	9+50
4+30	3+40	9+20

3

52	43
69	56
25	31
78	84

4

82	16	12
24	17	22
47	33	33
12	35	18

⑤

58	87	46	90	11	54	33	45	80	66	85	26
31	5	24	37	11	9	57	21	41	22	6	74
27	92	70	53	22	63	90	66	39	88	79	100

⑥

22	28	21	45
84	43	34	13
18	15	12	51
49	36	27	1

16

1

+	23	41	55	34	12	43
15	38	56	70	49	27	58
42	65	83	97	76	54	85
33	56	74	88	67	45	76
24	47	65	79	58	36	67

2

−	14	56	45	23	31	54
58	44	2	13	35	27	4
77	63	21	32	54	46	23
96	82	40	51	73	65	42
89	75	33	44	66	58	35

3

39	32	75	18
21	78	33	36
89	12	42	32
21	99	53	72

4

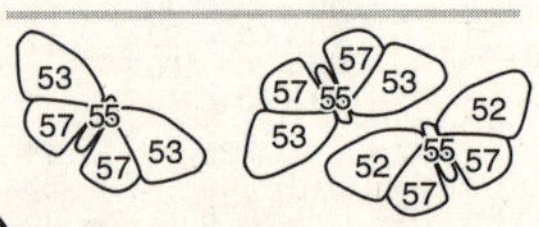

⑤

35	31	11
26	58	32
73	62	21

17

1

72	94	82
92	92	61

2

42	73
81	83
81	91
93	95

3

18	16
36	34
35	18
16	28

4

93
41 52
24 17 35
16 8 9 26

82
38 44
13 25 19
6 7 18 1

95
48 47
19 29 18
7 12 17 1

⑤

82 ↔ 69 86 ↔ 19 63 ↔ 28 78 ↔ 52
92 ↔ 43 18 ↔ 81 64 ↔ 48 14 ↔ 41
38 ↔ 62 95 ↔ 37 27 ↔ 63 99 ↔ 32

18

1

25	37	26
29	38	17

2

28	16
39	66
17	26
18	66

③

14	35
27	38
29	28
17	29

4

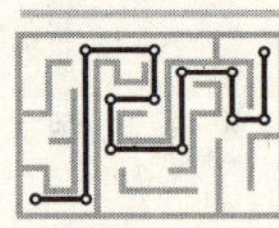

38	19
16	65
72	68
37	75
85	18
73	81

⑤

3	39	33
41	58	14
35	64	17

19

1

27+59=86 47+53=100 15+68=83 39+52=91
59+27=86 53+47=100 68+15=83 52+39=91
86-59=27 100-53= 47 83-68=15 91-52=39
86-27=59 100-47= 53 83-15=68 91-39=52
Andere Reihenfolge möglich

2

62 L	45 E	19 H
37 A	54 S	37 A
29 M	45 E	54 S
37 A	62 L	45 E

③

17+34=51 23+69=92 45+17=62
51−28=23 92−47=45
62−44=18 64+36=100
18+46=64 100−45=55
55+29=84 84−67=17

4

26 → 51 → 22 → 69 → 38
↓ ↓ ↓ ↓ ↓
43 → 22 → 81 → 55 → 88
↓ ↓ ↓ ↓ ↓
66 → 91 → 45 → 72 → 99

20

1

16	36	8
12	20	28
32	4	24

27	9	24
17	20	23
16	31	13

4	32	24
40	20	0
16	8	36

25	18	17
12	20	28
23	22	15

2

48	31	58
87	23	85
75	16	70
85	15	40

3

27 26 18 31 15 4 17 8 9

18 15 29 37 25 4 12 23 26

36 50 8 49 19 23 64 36 22

④

4	8	22	34
16	32	2	18
24	8	26	10
24	20	18	6

8	12	21	33
20	31	6	17
23	12	25	14
23	19	22	10

⑤

5	12	30	53
8	59	11	22
53	2	28	17
34	27	31	8

⑤ Forts.

7	22	17	11
7	21	24	5
31	10	2	14
12	4	14	27

22	39	9	23
10	22	20	41
25	14	37	17
36	18	27	12

25	29	20	26
28	25	26	21
23	24	25	28
24	22	29	53

21

1

3	8		9	8	
	7	5		9	2
7		2	1		8
6	7		8		
	1	1	0		4
8		0		5	0

2

39	16
58	44
66	35
89	43

3

41	21
31	53
14	41
22	65

4

62	16
93	49
92	35
92	28

5

28	34
26	48
25	39
29	28

6 95 78 91 99

7 19 10 15 26

8 11 28 16 9

22

1 4 · 2 = 8 3 · 3 = 9 2 · 5 = 10

2 3 · 4 = 12 5 · 2 = 10 4 · 3 = 12

3 3 · 5 = 15 3 · 6 = 18 4 · 5 = 20

4

5+5+5 = 3 · 5 = 15
6+6+6+6 = 4 · 6 = 24
4+4+4+4 = 4 · 4 = 16
6+6+6 = 3 · 6 = 18
3+3+3+3+3 = 5 · 3 = 15

23

1

2 · 3 = 6 3 · 4 = 12 3 · 5 = 15
3 · 2 = 6 4 · 3 = 12 5 · 3 = 15

2

5 · 4=20 2 · 6=12 3 · 7=21 4 · 6=24
4 · 5=20 6 · 2=12 7 · 3=21 6 · 4=24

3

5 · 7=35 6 · 6=36 7 · 6=42 6 · 5=30
7 · 5=35 6 · 6=36 6 · 7=42 5 · 6=30

4

10	28	24	36
28	10	36	35
24	54	35	24
54	24	36	36
30	30	18	18

24

1

10 : 2=5 12 : 3=4 15 : 5=3
5 · 2=10 4 · 3=12 3 · 5=15

2

12 : 2=6 16 : 4=4 18 : 6=3 20 : 4=5
6 · 2=12 4 · 4=16 3 · 6=18 5 · 4=20

3

3 · 4=12 4 · 5=20 3 · 7=21 4 · 7=28
12 : 4=3 20 : 5=4 21 : 7=3 28 : 7=4

4

3 · 6=18 4 · 6=24 5 · 7=35 6 · 7=42
18 : 3=6 24 : 4=6 35 : 5=7 42 : 6=7

LÖSUNGEN

25

1
10, 20, 30, 40, 50, 60, 70, 80, 90, 100

2
20 20 50 100
50 30 60 90
100 40 70 80

3
10 3 9 1
2 6 5 0
8 4 7 8

4
5, 10, 15, 20, 25, 30, 35, 40, 45, 50

5
10 25 25 50
25 30 20 45
50 35 15 40

6
3 2 1 0
6 7 8 10
9 4 5 7

⑦
= > < <
< > = >

26

1
5, 10, 15, 20, 25, 30, 35, 40, 45, 50
10, 20, 30, 40, 50, 60, 70, 80, 90, 100

2
5 2 3 1
10 4 6 2

3
10 25 35 45
20 50 70 90

4
35 40 30 0 50 20
30 35 0 40 20 50

5
4 3 7 9
6 8 5 4
1 2 1 9
8 7 3 6

6
5 7 40 25
7 4 90 45
1 10 20 5
10 2 60 15
8 8 30 30
4 5 10 40

27

1
5 · 7 = 35 7 · 5 = 35

2
40 80 30 70
40 80 30 70

3
30 15 45 20
30 15 45 20

4
6 · 10=60 5 · 7 9 · 10 5 · 3
10 · 6=60 7 · 5 10 · 9 3 · 5
60 : 6=10 35 : 5 90 : 9 15 : 5
60 : 10= 6 35 : 7 90 : 10 15 : 3
Andere Reihenfolge möglich

⑤
5 · 2=10 5 · 8 4 · 5 3 · 10
2 · 5=10 8 · 5 5 · 4 10 · 3
10 : 5= 2 40 : 5 20 : 4 30 : 3
10 : 2= 5 40 : 8 20 : 5 30 : 10
Verschiedene Lösungen möglich

28

1
2, 4, 6, 8, 10, 12, 14, 16, 18, 20

2
4 2 20 10
10 4 18 12
20 6 16 14

3
3 10 8 4
7 6 1 9
4 2 5 7

4
4, 8, 12, 16, 20, 24, 28, 32, 36, 40

5
8 8 20 40
20 12 24 36
40 16 28 32

6
4 3 2 7
7 1 6 10
9 5 8 3

⑦
3 8 7 40
7 16 1 8
5 2 3 16

29

1
Die Felder 4, 8, 12, 16, 20
werden gelb und auch rot gefärbt.

2
4 10 0 20
8 20 0 40
12 24 28 36
6 12 14 18

3

·	2	4
3	6	12
4	8	16

·	2	4
6	12	24
8	16	32

·	4	2
10	40	20
7	28	14

·	4	2
5	20	10
0	0	0

4
16 8 20 — 20 16 8
28 20 12 — 20 12 28

5
7 · 2=14 6 · 4 9 · 2 4 · 5
2 · 7=14 4 · 6 2 · 9 5 · 4
14 : 7= 2 24 : 6 18 : 9 20 : 4
14 : 2= 7 24 : 4 18 : 2 20 : 5
Andere Reihenfolge möglich

30

1
3, 6, 9, 12, 15, 18, 21, 24, 27, 30

2
6 15 6 30
15 18 9 27
30 21 12 24

3
6 3 5 10
4 1 2 8
7 8 9 0

4
6, 12, 18, 24, 30, 36, 42, 48, 54, 60

5
12 30 60 30
30 24 54 36
60 18 48 42

6
3 9 0 2
1 4 7 10
8 6 5 9

7
3, 6, 9, 12, 15, 18, 21, 24, 27, 30, 42, 48, 54, 60

31

1
6 15 21 27
12 30 42 54
0 48 24 36
0 24 12 18

2
5 8
1 6
7 9
8 4

3

:	3	6
18	6	3
6	2	1
12	4	2
24	8	4

·	3	6
2	6	12
5	15	30
3	9	18
8	24	48

4
1 2 4 0
2 4 8 0
10 6 1 10
5 3 1 10

5
3 6 3 3
6 3 6 3
3 3 6 6
3 6 6 3
3 3 3 6
3 6 3 3

⑥
3 · 5 = 15
6 · 10 = 60
3 · 7 = 21
6 · 4 = 24
Andere Reihenfolge möglich
48 : 8 = 6
18 : 3 = 6
12 : 4 = 3
30 : 10 = 3

32

1
8, 16, 24, 32, 40, 48, 56, 64, 72, 80

2
16 16 40 80
40 24 48 72
80 32 56 64

3
3 5 7 9
10 0 4 8
6 2 1 3

4
68, 28, 18, 36, 42

5
7 8 10 9
3 1 2 4
6 4 5 6

6
32 16 8 40
48 56 64 72
80 72 24 32

7
< < > >
> = < <
= > = >

33

1
6 12 16 14
12 24 32 28
24 48 64 56

2
4 4 1 12
1 2 2 6
10 6 12 2
5 3 6 1

3
4 8 4 8
2 4 8 4

4
10 → 20 → 5 → 10 → 40 → 5 → 20
64 → 8 → 4 → 16 → 2 → 8 → 32
48 → 6 → 24 → 12 → 6 → 48 → 12
6 → 24 → 3 → 6 → 12 → 24 → 6
12 → 48 → 6 → 12 → 3 → 24 → 12

⑤
6 · 4=24 6 · 8 4 · 4 8 · 5
4 · 6=24 8 · 6 4 · 4 5 · 8
24 : 6= 4 48 : 6 16 : 4 40 : 8
24 : 4= 6 48 : 8 16 : 4 40 : 5
Verschiedene Lösungen möglich

34

1
gelb: 21, 54, 40, 10, 18
grün: 0, 16, 72, 35, 12
rot: 7, 100, 55
braun: 30, 64, 20, 36, 42, 48, 32

2
1 2
6 3
7 4
3 5

3
4 100
9 36
16 64
25 1

4
6 8
5 7
4 6
3 5

5

·	5	6	4	3	8
9	45	54	36	27	72
7	35	42	28	21	56
6	30	36	24	18	48

6
36 24 0 20 — 36 20 24 0

7
> <
= >
< >
> =

35

1
7 T 4 G 8 P
9 I 5 E 6 A
4 G 8 P 1 N
5 E 6 A 7 T
3 R 3 R 5 E
2 D 3 R

2
20 → 4 → 24 → 3 → 9 → 90
12 → 48 → 6 → 30 → 10 → 100

3
a) 12, 24, 36, 48, 60, 72, 84, 96
b) 24, 48, 72, 96
c) 8, 16, 24, 32, 40, 48, 56, 64, 72, 80, 88, 96
d) 6, 12, 18, 24, 30, 36, 42, 48, 54, 60, 66, 72, 78, 84, 90, 96

36

1
9, 18, 27, 36, 45, 54, 63, 72, 81, 90

2
18 45 45 90
45 36 54 81
90 27 63 72

3
5 3 4 5
9 10 0 2
1 7 8 6

4
64, 56, 28, 32, 42
18 : 9 = 2
36 : 9 = 4
45 : 9 = 5
54 : 9 = 6
63 : 9 = 7
81 : 9 = 9

5
Es ergibt sich eine Giraffe aus den Zahlen:
9, 18, 27, 36, 45, 54, 63, 72, 81, 90

6
1 · 10 – 1
2 · 10 – 2
3 · 10 – 3
4 · 10 – 4
5 · 10 – 5
6 · 10 – 6
7 · 10 – 7
8 · 10 – 8
9 · 10 – 9
10 · 10 – 10

LÖSUNGEN

37

1

3 · 9	5 · 9	10 · 9	6 · 9
9 · 3	9 · 5	9 · 10	9 · 6

2

Zahlen zur 3er–, 6er– und 9er–Reihe
18, 36, 54, 72, 90

③

·	3	6	9
2	6	12	18
4	12	24	36
0	0	0	0

·	6	9	3
8	48	72	24
7	42	63	21
6	36	54	18

·	9	3	6
3	27	9	18
9	81	27	54
5	45	15	30

4

6	6	3	6
3	9	3	3
9	9	6	9
3	9	6	6
9	3	9	6

5

=	=	>	<
<	>	<	<
=	<	=	<

38

1

7, 14, 21, 28, 35, 42, 49, 56, 63, 70

2

14	14	70	35
35	21	63	42
70	28	56	49

3

4	1	8	6
7	9	5	0
2	3	10	7

4

8 3 1 4 9 2 7
1 8 3 9 7 4 2

5

6	7	28	63
10	3	56	7
2	1	42	21
5	9	14	70

6

<	>	>	<
>	>	<	<
<	=	>	=
>	>	=	=

39

1

5	10	4	8
7	7	7	7

2

6 · 7	3 · 7	9 · 7	2 · 7
7 · 6	7 · 3	7 · 9	7 · 2
42 : 6	21 : 3	63 : 9	14 : 2
42 : 7	21 : 7	63 : 7	14 : 7

3

1 → 3 → 9   2 → 4 → 8
↓ ↓ ↓   ↓ ↓ ↓
7 → 21 → 63   14 → 28 → 56

4

8 · 7	4 · 7	1 · 7	5 · 7
7 · 8	7 · 4	7 · 1	7 · 5
56 : 8	28 : 4	7 : 1	35 : 5
56 : 7	28 : 7	7 : 7	35 : 7

⑤

3 · 7 = 21	35 : 7 = 5
9 · 7 = 63	56 : 7 = 8
6 · 7 = 42	28 : 7 = 4
2 · 7 = 14	49 : 7 = 7

Andere Lösungen möglich

40

1

18	48	8	42
28	25	7	24
35	72	3	81
12	30	9	16
36	32	0	56
40	49	6	64

2

40	24
54	16
50	63
18	15

3

0	9
1	7
2	8
3	7

4

6	2
9	4
7	5
8	3

5

·	2	9	8	5	6
10	20	90	80	50	60
9	18	81	72	45	54
7	14	63	56	35	42

6

:	7	1
42	6	42
21	3	21
63	9	63
49	7	49

:	3	9
27	9	3
9	3	1
36	12	4
72	24	8

7

<	<
<	<
<	=
=	>

41

1

1 · 18	1 · 12	1 · 30	1 · 24
2 · 9	2 · 6	2 · 15	2 · 12
3 · 6	3 · 4	3 · 10	3 · 8
6 · 3	4 · 3	5 · 6	4 · 6
9 · 2	6 · 2	6 · 5	6 · 4
18 · 1	12 · 1	10 · 3	8 · 3
		15 · 2	12 · 2
		30 · 1	24 · 1

2

9 · 2 + 0	6 · 2 + 0	6 · 5 + 0	8 · 3 + 0
8 · 2 + 2	5 · 2 + 2	5 · 5 + 5	7 · 3 + 3
7 · 2 + 4	4 · 2 + 4	4 · 5 + 10	6 · 3 + 6
6 · 2 + 6	3 · 2 + 6	3 · 5 + 15	5 · 3 + 9
5 · 2 + 8	2 · 2 + 8	2 · 5 + 20	4 · 3 + 12
4 · 2 + 10	1 · 2 + 10	1 · 5 + 25	3 · 3 + 15

Andere Lösungen möglich

3

24 · 1 + 0	18 · 1 + 0
12 · 2 + 0	9 · 2 + 0
8 · 3 + 0	6 · 3 + 0
6 · 4 + 0	4 · 4 + 2
4 · 5 + 4	3 · 5 + 3
4 · 6 + 0	3 · 6 + 0
3 · 7 + 3	2 · 7 + 4
3 · 8 + 0	2 · 8 + 2
2 · 9 + 6	2 · 9 + 0
2 · 10 + 4	1 · 10 + 8

42

1

35 : 7=5   5 · 6=30   30−16=14   14 : 7=2   2+79=81
81=9 · 9   9 · 4=36   36+36=72   72=9 · 8   8+55=63
63=9 · 7   7 · 8=56   61−56=5   5 · 7=35

2

14 → 30 → 6 → 42 → 21 → 7
8 → 56 → 28 → 4 → 32 → 9
97 → 72 → 9 → 54 → 35 → 7
52 → 36 → 6 → 48 → 81 → 9

3

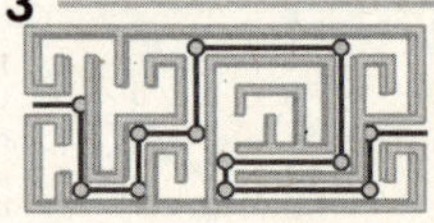

21	22
23	19
53	43
41	42
17	33
16	34

43

1

33		
11	8	14
14	11	8
8	14	11

84		
25	33	26
29	28	27
30	23	31

90		
27	24	39
42	30	18
21	36	33

99		
30	35	34
37	33	29
32	31	36

2

41	24	83	76
53	83	93	65
15	32	91	17
32	88	83	99
86	65	88	32

DU BIST EIN RECHENPROFI

3

37	6
49	6
69	6
52	7
72	7
62	5

4

74	6
84	6
61	9
76	8
55	7
37	9

5

85	22
89	35
79	35
42	34
44	43
51	44

6

80	36
82	35
93	37
83	39
85	36
91	18

44

1

62	6	57	51
55	4	36	61
64	4	71	41
24	1	49	49
24	5	26	49
22	6	26	19

2 **3** **4**

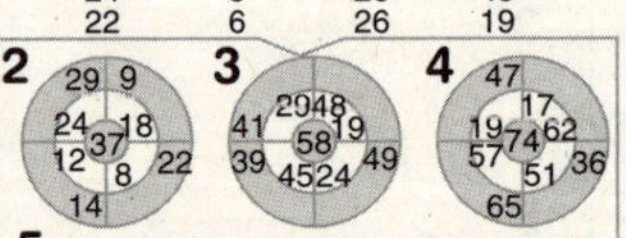

5

17 → 32 → 4 → 36 → 8
9 → 63 → 38 → 19 → 92
56 → 7 → 49 → 88 → 11

6

·	3	5	7	9	8
2	6	10	14	18	16
4	12	20	28	36	32
6	18	30	42	54	48
9	27	45	63	81	72

⑦

·	6	8	5	7	9
8	48	64	40	56	72
5	30	40	25	35	45
3	18	24	15	21	27
7	42	56	35	49	63